Das Buch

Axel Krohn und Sören Sieg haben sich auf die Lauer gelegt und ihren Mitmenschen ganz genau zugehört bei Diskussionen und Gesprächen, Streitereien, Feilschereien und beim Austausch von Freundlichkeiten. An allen möglichen und unmöglichen Orten sind sie fündig geworden, und das Ergebnis kann sich sehen lassen: Deutschland diskutiert über spießige Hunde, Gemüse ohne Gene und Hässletten in der Bahn. Beste Unterhaltung, direkt von der Straße!

Die Autoren

Sören Sieg, geboren 1966, lebt als Komponist und Autor in Hamburg. Bei List ist sein Roman *Superdaddy* erschienen.
Axel Krohn, geboren 1974, ist Autor und Winzer.

Axel Krohn · Sören Sieg

»Ich bin eine Dame,
Sie Arschloch!«

Deutsche Dialoge mitgehört

Ullstein

Besuchen Sie uns im Internet:
www.ullstein-taschenbuch.de

Originalausgabe im Ullstein Taschenbuch
1. Auflage Februar 2013
© Ullstein Buchverlage GmbH, Berlin 2013
Umschlaggestaltung: Zero Werbeagentur, München
Titelabbildung: © Rudi Hurzlmeier
Daumenkinobild © Can Stock Photo Inc./paulfleet
Satz: Kompetenzcenter, Mönchengladbach
Gesetzt aus der Franklin Gothic Std
Papier: Pamo Super von Arctic Paper Mochenwangen GmbH
Druck und Bindearbeiten: CPI – Ebner & Spiegel, Ulm
Printed in Germany
ISBN 978-3-548-37456-7

Inhalt

I. Deutschland zwischen Hässletten und Tschabalabatta   7

II. Deutsche Dialoge   *11*
1. Sprachretter   *13*
2. Schönheitskönige   *26*
3. Alltagsphilosophen   *39*
4. Nahkämpfer   *52*
5. Herzensbrecher   *71*
6. Verkaufstalente   *85*
7. Menschenfreunde   *99*
8. Familienmenschen   *111*
9. Fundamentalkritiker   *124*
10. Sinnsucher   *137*
11. Debattiermeister   *153*
12. Konversationskünstler   *170*

III. Das beliebteste Land der Welt   *187*

I.
Deutschland zwischen Hässletten und Tschabalabatta

»Wenn die Sonne der Kultur niedrig steht, werfen selbst Zwerge lange Schatten.« (Karl Kraus)

»Die Wahrheit liegt auf dem Platz.« (Otto Rehhagel)

Wir Deutschen haben den Buchdruck erfunden, die Dialektik und den Weltschmerz. Nirgendwo sonst in der Welt gibt es so viele Kulturvereine und Kirchenchöre pro Einwohner. Und wir haben weltweit die meisten Literaturwissenschaftsstudenten im 26. Semester. Und wohin hat uns das geführt? In diesem Buch können Sie es nachlesen. Und wir haben uns nichts ausgedacht! All diese Dialoge haben wir mitgehört und miterlebt: beim Bäcker und auf der Hundewiese, im Opernfoyer und in der U-Bahn, auf dem Spielplatz und im Starbucks. Wir haben gestaunt, gekichert, geseufzt und geweint. Und dann protokolliert, was die Kulturnation im Jahre 289 nach Kant so umtreibt: Gurken ohne Gene. Übergewichtskontrolle unter der Dusche. Hackfressen am Montagmorgen. Und Tschabalabatta ohne Kräuter. Jeder von uns glaubt nicht nur der bessere Bundestrainer zu sein, sondern auch noch der begabtere Unternehmenschef und gewitztere Kulturphilosoph. Es gibt nur ein Problem: Die anderen haben das noch nicht mitbekommen. Deshalb muss man so lange mit ihnen reden, bis es auch der Letzte kapiert hat. Ob beim Gemüsemann oder im Bordbistro. Das führt zu einer absoluten Win-win-Situation: Zwei reden. Und keiner hört zu.

Nichts ist komischer als die Wirklichkeit. Aber sie spendet auch Hoffnung. Denn unter dem Abgrund an Ahnungslosigkeit haben wir noch etwas ganz anderes entdeckt: Die Kulturnation lebt! Und zwar da, wo wir am wenigsten mit ihr rechnen: Skatspieler ergründen die Welt. Obdachlose kämpfen für richtiges Deutsch. Supermarktkunden retten die Wale. Und Taxifahrer verraten uns den Sinn des Lebens. Die größte Dummheit schlägt plötzlich um in größte Weisheit. Oder warum schwärmt Roland Koch für den Dalai Lama?

Hegel versprach eine vernünftige Welt. Marx versprach die klassenlose Gesellschaft. Wir versprechen nur eins: »Die wirklich wahre Wirklichkeit« (Dittsche). Holen Sie tief Luft. Und machen Sie sich auf etwas gefasst. Das Leben schreibt die besten Dialoge!

II.
Deutsche Dialoge

1. Sprachretter:
Von den Gebrüdern Grimm bis Wolf Schneider

»Die Sprache ist das Haus des Seins.« (Martin Heidegger)

»Du hast nie gelernt, dich artizukulieren.« (Die Ärzte)

Das Projekt war gewaltig: jedes einzelne deutsche Wort in all seinen Bedeutungen und Facetten bis zu seinem Ursprung zurückzuverfolgen. Jakob Grimm begann es 1838 und starb darüber 1863, gerade erst beim Buchstaben F angekommen. Vollendet wurde das Deutsche Wörterbuch erst 1961: 33 Bände, 34.824 Seiten, Gesamtgewicht 84 kg. Heute ein Standardwerk und Bestseller, den jeder gelesen hat. Äh, Sie nicht?
123 Jahre an 35.000 Seiten schreiben, die nachher niemand liest: Das schaffen nur wir Deutschen. Und was ist das genau: Wahnsinn, Pedanterie oder Zwanghaftigkeit? Nein: Es ist Liebe. Wir Deutschen lieben unsere Sprache. Nicht zufällig sind wir das einzige

Volk in Europa, das sich nicht nach der Gegend be-
nannt hat, wo es wohnt, und nicht nach dem Volk, von
dem es abstammt, sondern nach der Sprache, die wir
sprechen: Deutsch. Was uns leicht in Verlegenheit
bringt, wenn es um Schweizer und Österreicher geht.
Und weil wir unsere Sprache lieben, pflegen wir sie. Mit
der Wucht einer katholischen Krankenschwester. Und
falls sich ein französisches oder englisches Wort wie
Maisonette oder Ticketcenter unerlaubt dazugesellt,
verfallen wir in Panik und Kulturpessimismus. Und grün-
den spezielle Schutzorganisationen wie den *Verein
Deutsche Sprache.* Dieser fordert zum Beispiel, das lästige ›Fastfood‹ umzutaufen in ›Eilmampf‹ oder ›Flinkie‹.
Der Übergang von der Sprachliebe zur Paranoia ist flie-
ßend. Und immerhin: Ohne tiefromantische Liebe, rü-
bezahl'sche Mühe und wagner'sche Leidenschaft wäre
aus dem Sammelsurium mündlich überlieferter Bauern-
dialekte zwischen dem Schwarzwald und Dithmarschen
niemals eine kultivierte Hochsprache geworden, die
heute weltweit 120 Millionen Menschen sprechen.
Die Aufmerksamkeit für unsere Sprache, die doch eigentlich nur ein Mittel zur Verständigung ist, lebt und
wirkt in jedem Einzelnen von uns. Vom Bettler bis zur
BWL-Studentin. Wie spricht man einen adligen Hoch-
stapler korrekt an – und wie einen Obdachlosen? Und
was ist zu tun, wenn man auf dem Schild eines aus-
ländischen Ladens einen Grammatikfehler entdeckt?

Konsequent einschreiten, natürlich. Oder sich doch einmal ganz undeutsch gelassen zurücklehnen und es mit Goethe halten: »Die Gewalt einer Sprache ist nicht, dass sie das Fremde abweist, sondern dass sie es verschlingt.«

Frühkindliche Intelligenz

In der U-Bahn. Mutter (etwa 30 Jahre alt) bietet ihrem kleinen Kind ein Stück Apfel an.

Kleinkind: Iiiiih!
Mutter: Hör auf, »Iih« zu sagen!
Kleinkind: Bäh!

Generationenkonflikt

Auf einer Parkbank sitzt ein älterer Obdachloser. Ein junger, ebenfalls obdachlos wirkender Mann nähert sich ihm.

Junger Mann: Ey Digger, was geht, hängste auf der Parkbank ab?
Der Obdachlose reagiert nicht.

Junger Mann: Ey Digger, alles klar?

Obdachloser: Alter, sprichst du mit mir?

Junger Mann: Ey Digger, du kannst doch nicht »Alter« zu mir sagen!

Der Obdachlose sieht ihn fragend an.

Junger Mann: Ey Digger, du sollst nicht »Alter« zu mir sagen!

Obdachloser: Alter, sprichst du mit mir?

Junger Mann: Ey Digger, du sollst nicht immer »Alter« zu mir sagen, klar?

Beide sehen sich fragend an.

Definitionsfrage

Im Elektrofachmarkt. Zwei männliche Verkäufer in der Hi-Fi-Abteilung unterhalten sich.

Verkäufer 1: Ich hab heut einen Supertag, schiebe hier so was von die Sachen durch. Muss daran liegen, dass Deutschland heute Abend spielt …

Verkäufer 2: Echt? Bei mir ist heute voll lau.

Verkäufer 1: Ich hatte doch vorhin diese beiden Kunden aus Japan oder China oder was weiß ich. Die haben die komplette Anlage gekauft, inklusive Boxen, obwohl ich kaum Englisch spreche!

Verkäufer 2: Ja, ich hab die beiden gesehen, die sahen aus wie Business-Leute.

Verkäufer 1: Waren die auch! Weißt du, was ich denen gesagt habe? Ich hab gesagt: »In Germany we say ›geiler Sound‹«, hab das Ding ordentlich aufgedreht, und dann haben sie sie gekauft. Ohne zu handeln! Das Einzige, was sie wissen wollten, war, was »geil« bedeutet. Hab's mit »great« übersetzt. Geil, oder?

Verkäufer 2: Eigentlich kommt der Begriff ja aus der Botanik und bedeutet »zum Licht hinwachsen«.

Verkäufer 1: Äh, wie?

Verkäufer 2: So einen Pflanzentrieb nennt man auch »geil«, und wenn Tannen zum Beispiel schräg zum Licht wachsen, dann sind sie vergeilt.

Verkäufer 1: Und was ist dann ein geiler Wagen oder eine geile Braut?

Verkäufer 2: In dem Zusammenhang würde ich eher von »cool« sprechen.

Verkäufer 1: Alter, 'ne coole Braut und 'ne geile Braut sind doch nicht dasselbe!

Verkäufer 2: Stimmt auch wieder.

Osterleid

In der S-Bahn. Ein Mann steht im Stehbereich, ebenso wie mehrere weitere Fahrgäste.

Durchsage: Altona, bitte alles aussteigen, der Zug wird ausgesetzt.

Mann *(in die Runde):* Das ist so traurig. Aber so ist unsere Gesellschaft!

Die Runde schweigt.

Mann: Jetzt wird der Zug einfach ausgesetzt.

Noch immer reagiert niemand.

Mann: Das ist das Schlimme an der Osterzeit.

Ein anderer Mann: Was hat das denn mit Ostern zu tun?

Mann: Das ist so etwas von egoistisch! Haben sich wahrscheinlich einen Zug zu Weihnachten gewünscht. Und jetzt zu Ostern will ihn keiner mehr haben... Setzen die doch einfach hier den Zug aus. Das kann nicht Gottes Wille sein!

Scheinwelt

In der Schulcafeteria. Vater und Tochter (sie ist etwa elf Jahre alt) sitzen über einem Stapel Zeitungen.

Vater: So, zeig mal, das ist also rausgekommen bei »Schüler machen Zeitung«.

Tochter: Ja, das war total super! Guck mal, die Meldung hier ist von mir.

Vater: Ah! *(Er liest vor:)* »Gestern überfielen zwei Männer mit Waffen ein Bordell in Wandsbek. Ein Bordell ist ein Ort, wo Männer hingehen und Frauen dafür bezahlen, dass sie nett zu ihnen sind.« Das hast du ja gut erklärt!

Tochter: Ja, viele Kinder wissen ja gar nicht, was ein Bordell ist.

Vater: Stimmt. Aber weißt du denn auch, was da genau abläuft, im Bordell?

Tochter: Klar, Papa. Die Männer zahlen dafür, dass die Frauen mit ihnen rumsexen.

Vater: Und warum habt ihr das nicht geschrieben?

Tochter: Papa, das konnten wir doch nicht machen. Das ist eine Zeitung für KINDER!

Sprüche-Kenntnis

An der Crêpesbude.
Crêpesverkäufer (etwa 65 Jahre alt), junger Mann
(etwa 30 Jahre alt) möchte bestellen.

Crêpesverkäufer: Na, mein Lieber, wieder auf Patrouille?

Junger Mann: Ja, kann man so sagen.

Crêpesverkäufer: Ja, das ist ein Wetterchen. Zum Heldenzeugen! Was darf's denn sein, schön mit Zucker und Zimt?

Junger Mann: Ja, bitte. Gestern hat mir eine Freundin zwar die deftigen Crêpes empfohlen, mir ist im Moment aber eher nach was Süßem.

Crêpesverkäufer: Des Menschen Wille ist sein Himmelreich. Wenn du Zimt und Zucker möchtest, sollst du Zimt und Zucker haben.

Junger Mann: Danke, ich mag süße Crêpes irgendwie am liebsten.

Crêpesverkäufer: Wat dem eenen sin Ul, is dem annern sin Nachtigall. Ich hab ja zum Glück beides im Angebot. Und wenn du mal gar nicht mehr weiterweißt, hab ich auch was anderes für dich.

Junger Mann:	Ja? Da bin ja mal gespannt.
Crêpesverkäufer:	Hot Dogs, original dänische Hot Dogs.
Junger Mann:	Okay, dann esse ich das nächste Mal erst ein Hot Dog und danach einen Crêpe.
Crêpesverkäufer:	Siehst du, alles andere hätte mich jetzt auch überrascht. Der Mensch ist ein Gewohnheitstier, sag ich dir. Der Mensch ist ein Gewohnheitstier!

Savoir-vivre

Im Croque-Laden. Der Verkäufer macht gerade einen Croque fertig, ein Pärchen (Studenten) betritt den Laden.

Verkäufer:	Allo, was darf's für eusch sein?
Studentin:	Ich nehme einen Croque Hawaii. Du, kurz zur Info: Draußen auf deinem Plakat steht »süße Gedeck« – das müsste eigentlich »süßes Gedeck« heißen.
Verkäufer:	Damit ist Vanilletörtschen gemeint. Möschtet ihr?
Studentin:	Nein, vielen Dank. Ich wollte nur sagen, dass das grammatikalisch nicht ganz

	richtig ist. Es müsste nicht »süße«, sondern »süßes« Gedeck heißen.
Verkäufer:	Ach so, ja, weiß isch doch. Aben schon andere auch gesagt.
Studentin:	Ja, dann würd' ich das ja mal ändern.
Verkäufer:	Wieso das denn? Isch bin Franzose! Möschtet ihr mal Törtschen probieren? Sind ganz frisch!

Sprachökonomie

Vater und Sohn (etwa Mitte 40 und 16 Jahre alt) stehen vor einem Auto, aus dem sie gerade ausgestiegen sind.

Sohn: Ciao!

Vater: Wohin gehst du denn?

Sohn: Ich geh Muhti.

Vater: Du meinst, du gehst zu Muhti.

Sohn: Sag ich doch. Ich geh Muhti.

Vater: Hör mal, Alex, du gehst aufs Gymnasium, du kannst vernünftiges Deutsch sprechen, okay?

Sohn: Alles klar. Ich geh jetzt Muhti. Weil, wir gehen danach Kino. Ciao!

Frisch aus dem Ofen

Mann und Frau stehen nebeneinander in der Warteschlange, ihr Mobiltelefon piepst just in dem Moment, in dem die beiden bestellen können.

Sie: Oh, eine SMS, vielleicht von Juli und Gunni?
Er: Drei Schrötli Vital und zwei Hansesemmeln, bitte.
Sie *(schaut auf ihr Telefon):* O ja, o nein, wie süß! *(und liest vor:)* Lisa Marie hat heute Morgen um 05.46 Uhr das Licht der Welt erblickt, sie wiegt 3180 g und ist 51 cm groß. Wir sind überglücklich!
Er: Und dann nehmen wir noch zwei Croissants mit Schoko, bitte.
Sie: Jetzt sag doch auch mal was, freust du dich gar nicht? Oh, ist das süüüß, Lisa Marie!
Er: Ich versteh nicht, warum in diesen Neugeborenen-Meldungen immer die Worte »das Licht der Welt erblickt«, »überglücklich« oder auch »neuer Erdenbürger« vorkommen müssen.
Sie: Hallo?
Er: Ist doch wahr.
Sie: Und für mich bitte noch ein Franzbrötchen mit Streuseln.

Größenunterschied

*An der Fußgängerampel. Junge Mutter mit Kind im
Kinderwagen, ältere elegante Dame mit Hund.*

Mutter: Guck mal, Felix, da ist ein Hund.
Felix reagiert nicht.
Mutter: Guck mal, Felix, da ist ein Hund. Du magst
Hunde doch so. Guck mal, wau wau wau!
Felix reagiert immer noch nicht.
Mutter: Also, normalerweise mag er Hunde total ger-
ne und freut sich immer, wenn er einen sieht.
Guck mal, Felix, da ist ein Hund, das ist ein
kleiner Dackel, wau wau. Ja, da ist er, das ist
ein kleiner Dackel!
Dame: Entschuldigen Sie, ich möchte mich nicht in
Ihre Erziehung einmischen, aber Fritz ist kein
kleiner Dackel, sondern ein ganz normal
großer Dackel. Im Verhältnis zu anderen Da-
ckeln ist er sogar recht groß. Er ist ja auch
ein Rüde.
Die Mutter schaut die Dame verständnislos an.
Dame *(zum Kind):* Schau mal, mein Kleiner, das ist
Fritz. Fritz ist ein deutscher Rauhaardackel.
Mutter: Ja, schau mal, Felix, das ist Fritzi. Der ist aber
süß, ein kleiner süßer Dackel!
Dame: Ein letztes Mal: Fritz ist kein kleiner Dackel!

Er ist vielleicht ein kleiner Hund, falls Sie das zum Ausdruck bringen möchten, aber im Vergleich zu anderen Dackeln ist er alles andere als klein!

2. Schönheitskönige:
Von der Barockperücke zum Brazilian Wax

»*Das höchste von allen Gütern ist der Frauen Schönheit.*«
(Friedrich Schiller)

»*Eine schöne Frisur versteckt hässliche Füße.*«
(sächsisches Sprichwort)

Nein, wir Deutschen sind nicht schön. Wir gelten nicht
als schön. Wir finden uns auch nicht schön. Und deshalb dürfte es dieses Kapitel eigentlich gar nicht geben. Schön sind die anderen: die schwedischen Männer und die italienischen Frauen. Brad Pitt und Angelina
Jolie. Das war so, das ist so, und das wird vermutlich
auch so bleiben. Auch wenn Tobias Moretti, Robert
Atzorn und Wolfgang Kubicki jedes Jahr wieder hoffen,
zum *Sexiest Man Alive* gewählt zu werden: Bislang war
noch kein Deutscher dabei. Nicht mal Sky Dumont.
Dennoch hat sich etwas Grundlegendes geändert: Wir

wollen schön sein. Und wir tun auch etwas dafür: Gelfrisur und Designerbrille, Brigitte-Diät und Intimpiercing, Brustvergrößerung und Nasenverkleinerung, Power-Pilates und Anti-Aging-Creme. Und das will etwas heißen bei einem Volk, das jahrhundertelang darauf beharrte, dass nur innere Werte zählen: Treue. Aufrichtigkeit. Und tiefschürfende Gedanken. Entsprechend bescheinigte uns die Welt die Eleganz einer Kartoffel.
Doch aus, vorbei! Endstation Klum. Schönheit ist die Religion unserer Zeit, das Waxingstudio die Kirche, Beautyzeitschriften die Bibel, und die geweihte Kosmetikerin führt die Gläubigen zum Heil. Und alle werfen etwas in den Klingelbeutel: Teenies und Rentner, Frauen und Männer, Schwule und Heteros. Aber das Konvertieren ist mühsam. Denn wir sind zwar bemüht, aber noch mehr überfordert. Salsa ist erotisch, also machen wir einen Salsa-Kurs. Aber leider sieht das Ergebnis nicht nach Kuba aus, sondern nach genau der Kleinstadt in Schleswig-Holstein, aus der wir kommen.
Und das ist erst der Anfang. So viele Fragen bewegen den Schönheitsanfänger: Wie sorge ich dafür, dass nach dem Peeling noch Haut übrig bleibt? Erkennen mich meine Freunde wieder, wenn ich etwas Schickes anziehe? Und bin ich schon schwul, wenn ich mehr als acht Euro für den Friseur ausgebe?
Seien wir gnädig mit uns selbst. Wenn Schönheit am Ende einer Evolution steht, dann sind wir erst im Kaul-

quappenstadium. Na und? Der Weg ist das Ziel. Unsere Ururenkel werden vielleicht tanzen können!

Maß der Dinge

Mittagstisch beim Schlachter.
Zwei Anzugträger (etwa 50 Jahre alt).

Erster Mann: Mensch, Roland, ich darf mir hier nicht immer so die Teller vollmachen, ich werde immer fetter! Kannst du mich das nächste Mal bitte vor dem Bestellen einfangen?

Zweiter Mann: Du bist doch nicht fett.

Erster Mann: Noch nicht. Aber wenn ich so weitermache, brauche ich bald neue Hosen.

Zweiter Mann: Der Siebert aus der Perso, der ist fett.

Erster Mann: Na, mit Siebert, dem alten Walross, wollte ich mich eigentlich nicht vergleichen.

Zweiter Mann: Kannst du beim Duschen noch deine Füße sehen?

Erster Mann: Äh, was meinst du?

Zweiter Mann: Wenn du beim Duschen noch deine Füße sehen kannst, ist alles im grünen Bereich.

Abschreckung

Mutter (etwa 30 Jahre alt) mit Tochter (etwa vier Jahre alt) in der U-Bahn. Gegenüber eine junge Punkerin in vollem Ornat: buntgefärbte Haare, totenbleich geschminkt, Nasenpiercing, Halstattoo, Lederkluft.

Tochter: Guck mal, Mama, eine Vogelscheuche!
Mutter: Das ist keine Vogelscheuche. Das ist eine junge Frau. Sie hat sich nur so ZURECHTGEMACHT wie eine Vogelscheuche.
Tochter: Und warum, Mama?
Mutter: Keine Ahnung. Das musst du sie schon selbst fragen.
Die Tochter überlegt.
Tochter: Das trau ich mich nicht, Mama. Vielleicht ist es doch eine Vogelscheuche!
Die Punkerin verzieht keine Miene.

Katerstimmung

Montagmorgen um acht in der S-Bahn. Zwei junge Männer (etwa 30 Jahre alt) in Freizeitkleidung, einer mit Rucksack, einer mit Wollmütze.

Mann mit Wollmütze: Alter, guck dir mal die Leute an. Alles Montagmorgen-Hackfressen.

Mann mit Rucksack: Ich weiß, du magst die Menschen...

Wollmütze: Nee, echt jetzt mal, guck dir mal die Gesichter an. Die sehen alle scheiße aus. Oder unglücklich. Oder beides.

Rucksack: Du siehst auch nicht viel besser aus.

Wollmütze: Alter, ich hab gestern voll gesoffen. Und noch nicht geduscht.

Rucksack: Vielleicht haben die alle gestern gesoffen.

Wollmütze: Alter, echt jetzt mal, hier ist keine einzige süße Muschi dabei. Voll die miesgelaunten Hässletten.

Rucksack: Ich freue mich, dass zumindest du die neue Woche positiv beginnst.

Politische Werte

Kneipe in Hamburg-Eimsbüttel. Ein langhaariger und ein kurzhaariger Mann, beide um die 40, diskutieren die anstehende Bundestagswahl.

Langhaariger: O Gott, Steinbrück, wieso hab'n sie den bloß genommen? Der hat doch keine Chance gegen Merkel. Wie der schon aussieht.

Kurzhaariger: Na ja, Steinmeier sieht auch nicht besser aus. Ich sag nur Schielauge.

Langhaariger: Steinmeier sieht VIEL besser aus. Das ist 'n Gentleman. Aber Steinbrück – dieses Knautschgesicht mit Halbglatze?

Kurzhaariger: Gut, Steinmeier sieht besser aus. Aber der wollte ja nicht, wegen seiner Frau. Wär nur Gabriel geblieben. Wobei der ja auch nicht gerade vorteilhaft aussieht.

Langhaariger: Sigmar Gabriel? Der sieht doch ganz gut aus.

Kurzhaariger: Gabriel? Der Harzer Roller? Der Mann ohne Ohrläppchen?

Langhaariger: Der sieht sehr männlich aus. Sehr kernig.

Kurzhaariger: Das ist 'n Weichei. Keine Spur männlich.

Langhaariger: Wir Männer können doch gar nicht beurteilen, wer besser aussieht. Da müssen wir schon 'ne Frau fragen.

Kurzhaariger: Gut, fragen wir halt 'ne Frau.

(Er wendet sich an eine hübsche Frau um die dreißig, die am Nebentisch sitzt.)

Entschuldigen Sie, wer sieht besser aus: Sigmar Gabriel oder Peer Steinbrück?

Frau: Keine Ahnung. Wer ist das?

Vorbild

Zwei junge Männer um die 30 am Obststand.

Erster Mann: Ey, warst du beim Putzbüdel, oder was?

Zweiter Mann: Wo soll ich gewesen sein?

Erster Mann: Beim Putzbüdel, du verstehst schon, neuer Kopfputz.

Zweiter Mann: Ja, kann man so sagen. Ist aber wie der alte Kopfputz, nur kürzer.

Erster Mann: Wolltest du nicht einen neuen Style ausprobieren?

Zweiter Mann: Wer sagt das denn?

Erster Mann: Du hast das gesagt. So wie Beckham oder so.

Schönheitskönige 33

Zweiter Mann: Das war doch nur Quatsch.

Erster Mann: Klang aber ganz anders.

Zweiter Mann: Mensch, warum sollte ich so aussehen wollen wie David Beckham?

Erster Mann: Keine Ahnung, wegen der Weiber? Du hast das gesagt, nicht ich.

Zweiter Mann: Ja, ich weiß schon. Aber wer will denn aussehen wie 'ne alte Schwuchtel?

Erster Mann: Beckham sieht doch nicht aus wie eine Schwuchtel!

Zweiter Mann: Mensch, Beckham ist so was von 'ne Schwuchtel.

Erster Mann: Mag ja sein, dass er 'ne Schwuchtel ist. Aber so aussehen tut er jedenfalls nicht.

Zweiter Mann: Alter, hör dir mal zu, du klingst ja selbst schon wie 'ne Schwuchtel!

Erster Mann: Selber Schwuchtel.

Zweiter Mann: Sag ich doch!

Talent

Nachmittags auf dem Parkplatz vorm Trainingsgelände.
Vater (etwa 40 Jahre alt) und Sohn (etwa fünf Jahre alt).

Vater: Mischa, wir müssen. Das Training geht gleich los.

Sohn: Papa, machst du mir noch einen Iro?

(Iro ist die Kurzform von Irokese, eine Frisur, bei der die Haare mit Gel nach oben frisiert werden wie bei den Irokesen.)

Vater: Auf keinen Fall. Wir müssen SOFORT los.

Sohn: Papa. Einen Iro. Bitte!

Vater: Mischa, wir kommen jetzt schon zu spät. Komm jetzt!

Sohn: Einen Iro!

Vater: Wenn du jetzt nicht sofort kommst, meld ich dich beim Fußball ab!

Sohn: PAPA! Wie soll ich bitte Fußball spielen OHNE FRISUR?

Knackig

Paketschalter in der Post. Kundin (Typ feine Dame, etwa 60 Jahre alt), Angestellte hinterm Schalter (etwa 30 Jahre alt).

Kundin: Ich hatte gestern diese Karte im Briefkasten und möchte jetzt gern mein Paket abholen.
Angestellte: Gerne, haben Sie Ihren Personalausweis dabei?
Kundin: Ja, den hab ich hier. Bitte schön. Oh, gut sehe ich auf dem Foto aus.
Angestellte: Ja, das stimmt. Fast so gut wie in natura.
Kundin: Ach, junge Frau, das haben Sie schön gesagt. Aber wir wollen der Realität ins Auge schauen – ich bin keine 18 mehr, und das sieht man leider auch. Auf dem Foto hier bin ich Ende 30, das ist schon ein paar Tage her.
Angestellte: Ach, ich finde, man sieht da keinen so großen Unterschied. Sie haben die Haare jetzt etwas anders, aber sonst?
Kundin: Ach, hören Sie auf! Die sind längst gefärbt. Der Zahn der Zeit lässt sich halt nicht aufhalten.
Angestellte: Wem sagen Sie das!

Kundin:	Ach, Sie können sich doch wirklich nicht beschweren, Sie sind doch noch keine 30 und richtig knackig!
Angestellte:	Danke schön, das ist nett von Ihnen. Aber Sie können sich auch nicht beschweren. Sie sind auch noch sehr knackig!
Kundin:	Ach, Sie sind sehr höflich!
Angestellte:	Also, ich wäre dankbar, wenn ich mit 55 noch so knackig wäre wie Sie!
Kundin:	Wenn Sie meinen... Dann wünsche ich Ihnen einen schönen Tag! Und dass Sie so knackig bleiben, wie Sie sind!

Bildungswerte

Zwei Männer (etwa 35 Jahre alt) im Stehcafé.

Erster Mann:	Ich hab vorhin Inga getroffen. Nach all den Jahren. Hat sich gar nicht verändert.
Zweiter Mann:	Inga? Welche Inga?
Erster Mann :	Na, Ingi-Pingi. Die Schwester von Astrid. Aus meinem Jahrgang.
Zweiter Mann:	Ach nee, Ingi-Pingi von Astrid – was macht die jetzt eigentlich?

Erster Mann: Ingi-Pingi?
Zweiter Mann: Nein, Astrid.
Erster Mann: Die ist doch Lehrerin geworden. In Kiel. Und hat angeblich zwei Kinder.
Zweiter Mann: Ey, dass die Dummbratzen alle Lehrerinnen geworden sind! Kein Wunder, dass aus unseren Kindern nichts wird.
Erster Mann: Astrid war doch gar nicht so blöd.
Zweiter Mann: Nee?
Erster Mann: Also, nicht blöder als die anderen, würde ich sagen. Oder? Na ja, vielleicht war sie einen Hauch blöde. Aber sie sah gut aus!
Zweiter Mann: Vielleicht war sie auch nur normal blöd; war halt ein Mädchen. Aber gut ausgesehen hat sie, das stimmt.

Genmanipulation

Beim Fotografen.

Kundin: Machen Sie nur die Fotos oder auch nachträgliche Optimierungen?
Fotograf: Wir machen Fotos, Abzüge, Alben, was immer Sie wünschen.

Kundin:	Verstehe, aber das meinte ich nicht. Können Sie die Fotos auch computermäßig aufstylen?
Fotograf:	Wenn wir für Sie Abzüge von den Porträts erstellen, ist eine einfache Bildbearbeitung bei uns Standard und im Preis inbegriffen. Wenn Sie darüber hinaus eine professionelle Bildbearbeitung wünschen, können wir auch das anbieten.
Kundin:	Ja, das klingt gut. Wir können ja erst mal die Fotos machen und dann schauen, was da noch optimiert werden muss. Ich bin halt nicht so fotogenetisch.

3. Alltagsphilosophen: Von Hegel bis Dittsche

»Der Kampf der Vernunft besteht darin, dasjenige, was der Verstand fixiert hat, zu überwinden.«
(Georg Friedrich Wilhelm Hegel)

»Wenn man sich einredet, man ist müde, dann ist man müde.« *(Lothar Matthaus)*

Wir sind Philosophen. Um das zu erkennen, muss man nur einmal über den Teich schauen. Denn Engländer und Amerikaner sind das genaue Gegenteil: Pragmatiker. Physiker können zum Beispiel beweisen, dass das Licht aus Teilchen besteht, aber ebenso, dass es die Eigenschaft von Wellen hat. Beides ist schlüssig. Na und, wird der Angelsachse sagen, Hauptsache, es wird hell, wenn ich auf den Lichtschalter drücke. Diese Einstellung ist uns fremd. Wir wollen keine funktionierende Deckenbeleuchtung. Wir wollen wissen, was das

Licht ist. Deshalb hat Max Planck die Quantenphysik erfunden. Und Benjamin Franklin die Glühbirne.

Und so erklärt sich auch die weltgeschichtliche Unwahrscheinlichkeit, dass so viele grandiose Denker ausgerechnet aus unserem kleinen Erdenwinkel kamen: Leibniz und Kant, Hegel und Schopenhauer, Nietzsche und Marx, Heidegger und Adorno. Jeder von ihnen war vernarrt in einen großen Gedanken. Ihr gesamtes Leben verbrachten sie damit, diesen einen Gedanken auf alle denkbaren Fälle anzuwenden. Wer so etwas tut, hat entweder einen Schaden. Oder er wird weltberühmt. Aber das gelingt nur bei uns.

Und nur bei uns ist jeder Philosoph. Auch ohne 26 Semester studiert zu haben. Dabei interessieren wir uns weniger für die Rettung des Euro, Fukushima oder die Demokratisierung des arabischen Raumes. Denn da sind wir uns alle einig: Assad abschalten, aus dem Euro aussteigen und die AKWs absetzen. Nein, uns treiben ganz andere Dinge um: Ist mein Hund spießig? Sollte man Berlusconi erschießen? Und sind Tauben die Ratten der Lüfte?

Noch faszinierender sind Theorien, die praktisch alles erklären. Sätze wie: »Wo einer ist, da sind auch zwei.« Denken Sie das mal durch. Ein Lebenswerk. Aber es lohnt sich. Zum Philosophieren muss man geboren sein. So wie wir.

Unschlagbar

In der Kneipe. Eine Skatrunde, drei Männer (etwa 50 Jahre alt).

Skatspieler 1: Wo einer ist, da sind auch zwei.
Skatspieler 2: Genial. Das klappt immer. Jedes Mal. Wo einer ist, da sind auch zwei. Wie im richtigen Leben.
Skatspieler 1: Das ist hier das richtige Leben.
Skatspieler 2: Fußball und Skat sind wie das richtige Leben. Wenn man eines von beiden oder beides kann, kann einem keiner was.
Skatspieler 1: Genau.

Zoologie im Alltag

Zwei ältere Damen vor einem Mehrfamilienhaus.

Dame 1: Haben Sie eigentlich auch immer Tauben auf dem Balkon?
Dame 2: Ja, schlimm ist das. Die schietern mir immer alles voll. Eine echte Plage.
Dame 1: Tauben sind die Ratten der Lüfte!
Dame 2: Wie bitte?

Dame 1: Tauben sind die Ratten der Lüfte.

Dame 2: Wer sagt das denn?

Dame 1: Na, das sagt man doch so. Tauben sind die Ratten der Lüfte.

Dame 2: Hab ich noch nie gehört. Was soll das denn bedeuten?

Dame 1: Na ja, Ratten sind doch auch überall eine Plage.

Dame 2: Also, ich hab hier noch nie eine Ratte gesehen. Früher vielleicht, aber das ist lange her.

Dame 1: Ja? Na ja, heute sind halt die Tauben die Plage und damit die Ratten der Lüfte.

Dame 2: Komischer Spruch. Also Ratten haben wir hier keine. Nur die Tauben, die schietern einem immer alles voll. Schlimm ist das – die sollte man alle vergiften!

Frisch gestrichen

Beim Bäcker am Stehtisch. Zwei Maler (etwa 50 Jahre alt) machen Frühstückspause.

Maler 1: Ich bin froh, wenn wir hier fertig sind und wieder wegkönnen. Scheißgegend ist das hier.

Maler 2: Ach, ich find das nicht so schlimm.
Maler 1: Die Leute hier machen mir Angst, so will ich nicht enden.
Maler 2: Mach dir da mal keine Sorgen.
Maler 1: Das ist das Schöne an unserem Beruf: Frische Farbe rauf, trocknen lassen und weiter zum nächsten Job.
Maler 2: Stell dir mal vor, du müsstest die Golden-Gate-Brücke in Amerika streichen. Wenn die auf der einen Seite fertig sind, müssen die auf der anderen Seite schon wieder von vorne anfangen.
Maler 1: Das könnte ich nicht.
Maler 2: Den ganzen Tag, das ganze Jahr nur Rostschutz auftragen. Ziemlich einseitig.
Maler 1: Also, ich könnte das nicht. Machen das immer dieselben Leute oder tauschen die durch?
Maler 2: Keine Ahnung. In Amerika ist sowieso alles anders. Die haben ja auch keinen richtigen Arbeitsschutz und so.
Maler 1: Ich bin schon froh, dass wir hier in Deutschland arbeiten. Ist schon ganz gut hier. Sogar hier in diesem Kaff.
Maler 2: Besser als Amerika ist das hier allemal.
Maler 1: Sowieso.

Mission

Im Treppenhaus.
Bewohner (etwa 50 Jahre alt) verabschiedet seine vermutlich
afrikanische Putzfrau (etwa 30 Jahre alt).

Putzfrau: Bye-bye, God bless you.

Bewohner: Yes, thank you.

Putzfrau: Say: Amen!

Bewohner: Well, äh, sorry. I am more an atheist.

Putzfrau: You don't believe in God?

Bewohner: No.

Putzfrau: But you must. You must believe in God! You know why?

Bewohner: No.

Putzfrau: Because Jesus, he died for you! You know Jesus?

Bewohner: Yes.

Putzfrau: He died for you. And for your wife. So, you MUST believe in God!

Bewohner: Aha.

Putzfrau: You understand?

Bewohner: Yes. But I don't believe in God ...

Putzfrau: Then you don't understand. You MUST believe in God! Because he died for you. And for your children. You understand?

Bewohner *(verzweifelt)*: Yes.

Putzfrau:	Then say it: I believe in God. Say it!
Bewohner:	No, I don't believe.
Putzfrau:	But you MUST!

Entwaffnendes Argument

Hamburg, Hafencity-Terrasse. Abends.
Zwei Frauen (etwa 40 Jahre alt) bei Wein und Tapas.

Rothaarige Frau:	Also, wenn es so eine Art Herzinfarktpistole gäbe, ich würde die alle erschießen.
Dunkelhaarige Frau:	Das meinst du nicht ernst!
Rothaarige Frau:	Doch! Hitler, Mao, Berlusconi, alle!
Dunkelhaarige Frau:	Und warum machst du es nicht?
Rothaarige Frau:	Na, weil ich eben diese Spezialwaffe nicht habe, die keine Spuren hinterlässt! Wo die Leute ganz unauffällig an Herzinfarkt sterben. Sonst lege ich einen um und komme sofort in den Knast.
Dunkelhaarige Frau:	Aber du kannst doch nicht einfach Leute erschießen! Das ist doch Unrecht.
Rothaarige Frau:	Wenn das schlechte Menschen

	sind, na klar! Spar ich uns doch allen Steuergelder!
Dunkelhaarige Frau:	Glaubst du an Gott?
Rothaarige Frau:	Ja, schon irgendwie.
Dunkelhaarige Frau:	Aber dann kannst du doch keine Leute umbringen, über Leben und Tod entscheiden!
Rothaarige Frau:	Warum denn nicht? Ich würde die schlechten Menschen alle abknallen.
Dunkelhaarige Frau:	Dann bist du auch für die Todesstrafe?
Rothaarige Frau:	Niemals! Das ist ein Riesenverbrechen. Scheiß-Amis, man sollte alle, die für die Todesstrafe sind, abknallen!

Karriere

Strandcafé auf Sylt. Herausgeputzte Cafébesitzerin mit Hund und elegante Kundin, beide um die 40 Jahre alt.

Cafébesitzerin:	Ach, da sitzt du ja, meine Kleine, bist du wieder auf deinen Stuhl gesprungen!

Kundin:	Oh, Sie haben ja einen süßen kleinen Hund.
Cafébesitzerin:	Und intelligent ist sie auch.
Kundin:	Ja, das glaube ich. Das sieht man ihr sogar ein bisschen an, finde ich!
Cafébesitzerin:	Sie ist wirklich sehr intelligent. Sie ist ja eine kleine Queen und möchte, glaube ich, gern eine große Königin sein.
Kundin:	Ach ja?
Cafébesitzerin:	Ja, sie springt immer auf den Stuhl, weil sie groß sein möchte.
Kundin:	Soso, eine Große möchtest du sein, meine Hübsche? Deswegen springst du immer auf den Stuhl?
Cafébesitzerin:	Wissen Sie, vielleicht bilde ich mir das auch nur ein. Aber ich habe Psychologie studiert, bevor ich dieses Café eröffnet habe.
Kundin:	SEHR interessant!

600 Nebenwirkungen

Ein Paar (beide um die 50 Jahre alt) sitzt in einem
Straßencafé. Er schaut sich eine Medikamentenpackung an.

Er: Nicht zu fassen! Der Arzt verschreibt mir ein Medikament gegen meine Sehnenscheidenentzündung. Und hier im Beipackzettel steht: »Wie alle
Arzneimittel kann auch IbuHEXAL 600 Nebenwirkungen haben.«

Sie: Ähm, wie jetzt?

Er: Das steht hier. Genau so: »Wie alle Arzneimittel
kann auch IbuHEXAL 600 Nebenwirkungen haben.«

Sie: Also, ich verstehe dich richtig: Erstens hat dieses
Medikament 600 Nebenwirkungen. Und zweitens
haben alle Medikamente 600 Nebenwirkungen?

Er: Mmh.

Ratloses Schweigen.

Sie: Kann ich das mal sehen?

Er reicht ihr den Beipackzettel. Sie liest ihn.

Sie: Wahnsinn.

Schweigen.

Sie: Kann ich diese Salbe mal sehen?

Er reicht ihr die Salbe.

Sie: Nein!

Er: Was?

Sie: Das Medikament heißt IbuHEXAL 600.

Farbe bekennen

Bonn, Haus der Geschichte. Vater mit Tochter im Grundschulalter vor einer riesigen Grafik, die die Ergebnisse der Bundestagswahlen seit 1949 in farbigen Balken wiedergibt.

Tochter: Papa, wer sind die mit den schwarzen Balken?
Vater: Das ist eine Partei, meine Süße, die immer nur den Reichen hilft und die Armen im Regen stehenlässt.
Tochter: Aha. Und warum haben die immer die meisten Stimmen, Papa? Es gibt doch nur ganz wenige Reiche, oder?
Vater: Ist schwer zu sagen, Mäuselein. Das hab ich auch nie verstanden.
Tochter: Und die mit dem roten Balken, was wollen die?
Vater: Tja, früher war das die Partei, die für die Armen da war. Aber inzwischen nehmen die auch den Armen das Geld weg und geben es den Reichen.
Tochter: Aha. Wo ist dann der Unterschied zu den Schwarzen?
Vater: Ist ganz schwer zu sagen, Mäuselein.
Tochter: Was ist denn unsere Partei, Papa?
Vater: Guck mal, dieser grüne Balken hier.

Tochter: Der ist aber sehr klein. Und was wollen die, Papa?

Vater: Na ja, ist schwer zu sagen. Sie wollten zum Beispiel was gegen die vielen Autos tun, die unsere Luft verpesten. Aber heute gibt es mehr Autos denn je.

Tochter: Aber wieso haben sie denn nichts gegen die Autos gemacht?

Vater: Ist ganz schwer zu sagen, Mäuselein.

Tochter: Aber Papa, hast du nicht gesagt, das ist unsere Partei?

Vater: Ja, genau.

Tochter: Aber wieso denn bloß?

Vater: Ist ganz schwer zu sagen, Mäuselein. Aber frag ruhig weiter!

Ein Apfel am Tag

Im Wartezimmer beim Arzt. Eine Frau (Mitte 50) und ein Mann (Mitte 30) unterhalten sich.

Frau: Ich sitze hier jetzt schon seit über einer Stunde. Unser Gesundheitssystem ist wirklich eine Schande.

Mann: Tja, privat versichert müsste man sein.

Frau: Sie sagen es! Meine Freundin, die ist privat versichert. Also, das kann man überhaupt nicht vergleichen.
Mann: Nein?
Frau: Na ja, das ist so, als wenn man Äpfel mit Birnen vergleichen wollte, das geht einfach nicht.
Mann: Ein Professor von mir hat mal gesagt, dass man alles vergleichen könne.
Frau: Na, der lebte wohl in seiner eigenen Welt, was?
Mann: Eigentlich nicht; an sich hat er auch recht. Er meinte, man könne alles vergleichen, also auch Äpfel mit Birnen. Man müsste gegebenenfalls feststellen, dass es wenig Gemeinsamkeiten gibt, aber vergleichen könne man durchaus.
Frau: Soso.
Mann: Äpfel und Birnen haben sogar eine ganze Menge Gemeinsamkeiten: Beide sind Kernfrüchte, beide wachsen an Bäumen, beide wachsen in unseren Breitengraden, sind ungefähr gleich groß und gleich schwer. Eigentlich fallen einem mehr Gemeinsamkeiten als Unterschiede ein, finden Sie nicht?

4. Nahkämpfer:
Von Siegfried bis Stefan Effenberg

*»Eine Zunge hat keine Knochen und kann dennoch Knochen
zerbrechen.«   (Sprichwort)*

*»Seither bemühe ich mich, bei jeder leichten Berührung,
bei jedem Zusammenstoß, bei jedem Foul im Gegner zuerst
den Menschen zu sehen.«*
(Toni Schumacher)

Wir streiten uns nicht gerne. Denken Sie nur an die
Politik. An Strauß und Wehner kann sich kaum noch
jemand erinnern, heute dominieren Lächelpolitiker wie
Steinmeier oder Rösler. Und jemand wie Ronald Pofalla
gilt als unberechenbarer Choleriker. Auch im Fernsehen
haben die aggressionsgehemmten Schwiegersöhne
die Herrschaft übernommen, von Markus Lanz bis
Reinhold Beckmann Und wer führt unsere National-
mannschaft? Philipp Lahm.

Nein, wir streiten uns nicht gerne. Manchmal aber geht es nicht anders. Wenn zum Beispiel ein Fremder einfach mal so unseren Hund duzt. Oder ein Telefonmarketing-Opfer partout nichts bestellen will. Dann geht es nicht mehr um die Sache. Sondern um die Ehre. Und die muss verteidigt werden.

Oder, noch schlimmer: Es geht um eine Vorschrift. Denn die kennt keine Ausnahme. Fahrgäste ohne gültigen Fahrschein müssen den Zug verlassen. Auch wenn sie kleine Kinder dabeihaben und auf dem Weg zu den Großeltern sind. Oder wenn es 12-jährige Schulmädchen sind, im letzten Zug, im Dunkeln, die ihre Fahrkarte einfach nicht finden können. Und draußen herrschen minus 20 Grad. Alles Ausreden!

Gänzlich ausweglos wird es, wenn es »ums Prinzip« geht. Da hat Immanuel Kant viel Unheil angerichtet. Eigentlich könnte die Rezeptionistin für den Hotelgast einfach die Fernbedienung aufbewahren, damit er seiner Fernsehsucht entkommt. Eigentlich. Aber wenn das alle machen würden! Damit fangen wir gar nicht erst an. So viele kategorische Neins verdanken wir einem einzigen kategorischen Imperativ.

Zum Glück geht es auch anders. Sprechen Sie leise mit Ihrem Gegenüber. Stellen Sie ihn nicht bloß. Zeigen Sie Verständnis. Schlagen Sie Alternativen vor. Und kaufen Sie notfalls ein halbes Kilo Kartoffeln zu viel. Dafür haben Sie sich einen nutzlosen Streit erspart. Mit Vertretern der Wenn-das-alle-machen-würden-Ideologie kann man eh nicht diskutieren.

Auch wenn Kant selbst niemanden aus dem Zug geworfen hätte. Von ihm stammt nämlich noch ein anderer schöner Satz: »Der Frieden ist das Meisterwerk der Vernunft.«

Edles Stück

Im Friseurladen. Kundin (ältere vornehme Dame) sitzt mit Lockenwicklern auf dem Frisierstuhl. Ein Mann (ca. 50 Jahre alt) im grauen Arbeitskittel betritt den Salon.

Mann   *(laut)*: 'tschuldigung, gehört jemandem von Ihnen der weiße Mercedes, der draußen parkt?

Kundin: Das Fahrzeug ist ein Sammlerstück meines Mannes und unverkäuflich.

Mann: Dann sollte Ihr Mann seinen Wagen schleunigst umparken, er steht mitten auf der Bushaltestelle.

Kundin: Mein Mann ist tot.

Mann: Na, dann parken Sie ihn eben um. Der Wagen blockiert die Bushaltestelle!

Kundin: Na, das sollte mich wundern. Wie sollte ein

	kleines Cabriolet eine ganze Bushaltestelle blockieren können. Das wird der Busfahrer schon schaffen.
Mann	*(schnaufend)*: Ich bin hier jetzt seit bald 30 Jahren Hausmeister, aber so was ist mir noch nicht untergekommen. Also, entweder fahren Sie jetzt auf der Stelle Ihre Karre weg, oder ich lasse den Wagen abschleppen.
Kundin:	Sie vergreifen sich im Ton. Ich bin hier seit 30 Jahren Kundin; von dem Geld, das ich für meine Frisur bezahle, bezahlt die Besitzerin des Salons Ihr Gehalt!
Mann:	Das ist doch das Geld Ihres toten Mannes! Und wahrscheinlich haben Sie ihn nur wegen dieses Geldes geheiratet! Was hatten Sie denn bitte VOR Ihrer Hochzeit?
Kundin	*(laut)*: Hallo? Was fällt Ihnen ein! Ich bin eine Dame, Sie Arschloch!

Missverständnis

*Familienvater (etwa 40 Jahre alt) nimmt Telefongespräch
entgegen.*

Familienvater: Hallo?

Telefonwerber: Hier Schmidt von der Firma Schock-
frost. Ich möchte Sie über unser ganz
neues, sensationelles Angebot infor-
mieren. Ab sofort können Sie unsere
Schockfrost-Tiefkühlprodukte auch im
Abonnement beziehen!

Familienvater: Danke, kein Interesse.

Telefonwerber: Wieso? Unsere Tiefkühlprodukte sind
nicht nur schmackhaft, sondern von
höchster Qualität!

Familienvater: Vielen Dank, aber wir essen nur frische
Lebensmittel.

Telefonwerber: Entschuldigung, das ist aber ein Miss-
verständnis. Die Schockfrostprodukte
sind ausnahmslos derart frisch ...

Familienvater: Na ja, frisch. Das ist ja relativ ...

Telefonwerber: So, nun reicht's, mein Kleiner. Jetzt gib
mir mal deine Mama!

Zivil-Courage

Ein Polizeiwagen parkt im Halteverbot. Der Polizist verteilt Strafzettel an Falschparker. Eine ältere, elegant gekleidete Dame kommt zu Fuß vorbei und spricht den Polizisten an.

Ältere Dame: Junger Mann, so geht das aber nicht!
Der Polizist schaut mit fragendem Blick von seinem Block auf.
Ältere Dame: Sie wissen schon, was ich meine, junger Mann.
Polizist: Ist das Ihr Wagen hier?
Ältere Dame: Aber nein doch! Mein Wagen steht in der Garage.
Der Polizist zieht fragend die Augenbrauen hoch.
Ältere Dame *(augenzwinkernd)*: Ich denke, Sie haben verstanden, was ich meine, hmm?
Polizist: Tut mir leid, da müssen Sie sich schon klarer ausdrücken.
Ältere Dame *(energisch)*: Der Eindruck, den Sie als exekutive Instanz machen, ist nicht glaubwürdig, wenn Sie andere Leute für ein Vergehen bestrafen, welches Sie selbst gerade begehen!
Polizist: Ich fürchte, ich verstehe nicht.
Ältere Dame *(jetzt wütend)*: Mein Gott, armes Deutschland! Sie stehen mit Ihrer

Bullenkarre im Halteverbot! Wenn Sie sich nicht auf der Stelle selbst einen Strafzettel ausstellen, zeige ich Sie an wegen Falschparkens, Amtsmissbrauch und geistiger Umnachtung.

Dienen

Düsseldorf, im Taxi. Fahrgast und ein Taxifahrer, der gebrochen Deutsch spricht.

Fahrgast: Zum Kom(m)ödchen, bitte!

Taxifahrer: Adresse?

Fahrgast: Keine Ahnung. Das Kom(m)ödchen. Ein Theater.

Taxifahrer: Straße?

Fahrgast: Ich bin nicht aus Düsseldorf, ich weiß nicht, wo es liegt.

Taxifahrer *(fährt schon mal los)*: Nie gehört, Kom(m)ödchen.

Fahrgast: Können Sie nicht die Zentrale anrufen? Dieses Theater existiert seit ungefähr vierzig Jahren.

Taxifahrer: Gast muss wissen, wohin.

Fahrgast: Klar. Aber Taxifahren ist ja auch 'ne Dienstleistung. Dazu gehört für mich ...
Taxifahrer *(böse):* Diener? Ich dein Diener?
Fahrgast: Nein, ich sprach von Dienstleistung ...
Die Reifen quietschen. Das Taxi hält.
Taxifahrer: ICH NICHT DEIN DIENER! Raus!!!

Fehlendes Verständnis

Samstagnachmittag in der Bäckerei;
Bäckereifachverkäuferin und Kundin.

Kundin: Guten Tag. Der Kuchen, hier, der hier, ist der jetzt günstiger?
Verkäuferin: Nein, der kostet so viel wie immer.
Kundin: Das ist ja frech, wissen Sie, wie spät es ist?
Verkäuferin: Ja, das weiß ich. Aber bei uns gibt es keine Prozente.
Kundin: Das ist aber schwach. Gucken Sie sich mal an, wie der Kuchen aussieht. Das eine Stück hier ist schon ganz zerbröselt.
Verkäuferin: Wo, bitte?
Kundin: Na, hier an der Seite, gucken Sie mal, da ist schon die Hälfte abgebrochen. Das können Sie doch nicht zum vollen Preis verkaufen.

Verkäuferin: Wenn Sie ein Stück von dem Kuchen möchten, gebe ich Ihnen gerne eines, wo nichts von abgebrochen ist.

Kundin: Nee, ich zahl doch nicht den vollen Preis für einen Kuchen, der schon so trocken ist, dass er von alleine zerbröselt. Um diese Uhrzeit.

Verkäuferin: Wie meinen Sie das?

Kundin: Na, morgen ist Sonntag, und am Montag werden Sie den Kuchen ja wohl kaum noch verkaufen, oder?

Verkäuferin: Das stimmt; wir machen unsere Kuchen jeden Tag frisch. Und: Wir haben auch sonntags geöffnet.

Kundin: Ach was. Das ist ja eine Frechheit!

Schlechte Bedienung

Früher Abend im Hotel. Hotelgast an der Rezeption.

Hotelgast: Entschuldigung, ich würde gerne die Fernbedienung bei Ihnen abgeben.

Rezeptionistin: Wo haben Sie die denn her?

Gast: Na, aus meinem Hotelzimmer.

Rezeptionistin: Dann bringen Sie die mal ganz schnell

	dahin zurück. Die gehört ja zu dem Fernseher in Ihrem Zimmer!
Gast:	Ich weiß. Deshalb möchte ich sie ja abgeben.
Rezeptionistin:	Aber dann können Sie Ihren Fernseher nicht mehr bedienen. Der funktioniert nur über die Fernbedienung!
Gast:	Genau, darum geht es.

Der Gast versucht, leise zu sprechen.

Wenn ich die Fernbedienung habe, gucke ich nachts stundenlang fern und komme nicht zum Schlafen.

Rezeptionistin: Ja, dann lassen S' den Fernseher halt aus.

Gast *(spricht noch leiser)*: Das geht nicht so einfach. Ich bin fernsehsüchtlg! Deshalb gebe ich die Fernbedienung jetzt bei Ihnen ab, und ...

Rezeptionistin *(laut)*: Das geht nicht. Die Fernbedienung gehört ins Zimmer! Da könnte ja jeder kommen.

Gast: Ich weiß. Ich bitte Sie ja nur, sie bis zu meiner Abreise hier aufzubewahren.

Rezeptionistin *(noch lauter, erbost):* Bis zur Abreise? Und wo soll ich hin damit? Soll ich hier jetzt extra Fächer einrichten für Fernbedienungen?

Gast (*blickt sich nach den anderen Hotelgästen in der Schlange um, flüstert*): Verstehen Sie doch, ich schaffe es sonst nicht. Mein Therapeut ...

Rezeptionistin (*sehr laut und resolut*): Sie nehmen die Fernbedienung schön mit. Ihr Therapeut kennt wohl unsere Hausordnung nicht. Das wäre ja noch schöner, wenn ich jetzt hier auch noch auf die Fernbedienungen aller Hotelgäste aufpassen soll!

Der Hotelgast schleicht davon. Mit der Fernbedienung in der Hand.

Trinkgeld

Ein Bettler spricht eine ältere Passantin an.

Bettler: Tach, die Dame, ham Se mal 'nen Euro für 'nen armen Mann?

Die Frau geht wortlos vorbei.

Bettler (*ruft ihr nach*): Sie brauchen mir ja kein Geld zu geben, aber eine Antwort, die habe ich schon verdient, finde ich!

Die Frau dreht sich um und kommt langsamen Schrittes zurück.

Frau: Ich will Sie nicht anlügen, das entspricht nicht meinem Naturell. Meine Antwort lautet daher: Ja, ich habe einen Euro. Den werde ich aber bis auf weiteres behalten. Ich hoffe, Sie können mit dieser Antwort leben.

Bettler: Natürlich kann ich das. Ich würde Ihnen auch keinen Euro geben. Ich kenn Sie ja gar nicht. Sie würden sich doch eh gleich nur Schnaps von dem Geld kaufen!

Einfach laufen lassen

Im Zug nach Elmshorn.

Kontrolleur: Den Fahrschein, bitte.
Fahrgast: Hier, bitte.
Kontrolleur: Da fehlt eine Tarifzone.
Fahrgast: Oh, das ist ja blöd. Der Busfahrer in Hamburg hat mir dieses Ticket verkauft. Für eine Hinfahrt nach Elmshorn.
Kontrolleur: Das ist kein gültiger Fahrschein.
Fahrgast: Aha … Was bin ich Ihnen dann schuldig?
Kontrolleur: Sie können nicht nachlösen. Ich verkaufe keine Tickets. Sie hätten das Ticket beim Busfahrer lösen müssen.

Fahrgast: Hab ich ja.

Kontrolleur: Aber das falsche Ticket.

Fahrgast: Das ... das hat mir der Busfahrer so ver-
                kauft.

Kontrolleur: Sie können mir viel erzählen.

Fahrgast: Was heißt, viel erzählen ... Ich habe ihm
                gesagt, ich muss nach Elmshorn. Mit
                dem Kleinen.

Er zeigt auf seinen kleinen Sohn.

Kontrolleur: Sie haben keinen gültigen Fahrschein.
                Entweder Sie zahlen 60 Euro, oder
                Sie steigen bei der nächsten Station
                aus.

Fahrgast: Na, hören Sie mal, dieser Kleine hier
                wird von den Großeltern am Bahnhof er-
                wartet.

Kontrolleur: Sie haben keinen gültigen Fahrschein.
                Bitte steigen Sie jetzt aus.

Der Zug bremst.

Kontrolleur: Oder zahlen Sie 60 Euro.

Kleiner Sohn: Papa, was will der Mann?

Fahrgast: Hören Sie mal, ich bin in Hamburg ein-
                gestiegen. Ich habe dem Fahrer mein
                Ziel genannt. Ich habe eine Fahrkarte
                bekommen und bezahlt. Und jetzt wol-
                len Sie mich aus dem Zug schmeißen?

Kontrolleur: Sie haben keinen gültigen Fahrschein.

Der Zug hält.
Kontrolleur: Bitte steigen Sie JETZT aus.
Fahrgast: Niemals, da müssen Sie uns schon raustragen.
Stille.
Kleiner Sohn: Ich muss mal.

Auge um Auge

*In der Kneipe. Bardame, Gäste. Ein Hund versucht,
in die Küche zu kommen.*

Bardame *(zum Hund):* So, mein Kleiner, du musst hier mal raus, nein, in die Küche darfst du nicht. Dieser Bereich ist für Gäste und Hunde gesperrt.
Der Hund schaut die Bardame an und wedelt freudig mit dem Schwanz.
Bardame *(in die Runde)*: Zu wem gehört denn der Hund?
Gast: Petra, komm mal hierher.
Bardame: Guck mal, Petra, da ist dein Herrchen, geh mal zu ihm. Nein, nein, nein, hier darfst du nicht hin!
Der Hund weicht nicht von der Stelle.

Bardame: So klappt das irgendwie nicht. Können Sie Ihren Hund bitte bei sich behalten?

Gast: Das interessiert doch keinen.

Bardame: Entschuldigung?

Gast: Das interessiert hier doch keinen, wo Petra hingeht. Sie stört doch nicht.

Bardame: Sie stört nicht, aber in die Küche darf sie trotzdem nicht. Da sind Lebensmittel, und da haben Hunde nichts verloren.

Gast: Du hast hier auch nichts verloren.

Bardame: Wie bitte? Und was fällt Ihnen ein, mich zu duzen!

Gast: Du hast meinen Hund auch geduzt!

Erwachsenenbildung

Eine sehr volle Bäckerei.
Schlange vor der Kasse.
Eine Frau mittleren Alters bestellt.

Verkäuferin: Was darf's denn bei Ihnen sein?

Frau: Guten Morgen! Also, ich hätte gerne … Moment – lassen Sie mich mal sehen … also, auf jeden Fall ein Roggen … und ein Mohn …

Verkäuferin: Wie viele Brötchen werden es denn insgesamt?
Frau: Na, ich schätze mal, so sieben, acht...
Verkäuferin *(nimmt eine größere Tüte)*: Ja?
Frau: Also, ich sag mal: zwei Roggen, ein Mohn, dann noch... Was kostet das Schokocroissant?
Verkäuferin: Eins zwanzig.
Frau: Gut, also noch ein Schokocroissant. Und das normale Croissant?
Verkäuferin: Ein Euro.
Frau: Also, dann nehme ich zwei Croissants, ein Schokocroissant... ein Tim Mälzer... Ist in dem Weltmeisterbrötchen Roggen drin?
Verkäuferin: Ja.
Frau: Also noch zwei Weltmeister. Ach, wissen Sie, ich nehme doch kein Tim Mälzer, lieber noch ein Zwiebelbrötchen... Und was ist das da? *(Sie zeigt in eine Ecke.)*
Verkäuferin: Schrot&Korn. Also kein Tim Mälzer?
Frau: Nein.
Verkäuferin: Und dafür Schrot&Korn?
Frau: Nee, nee, lieber noch ein Vinschgauer... Oder, warten Sie, ich nehme doch nur ein Weltmeister. Dafür zwei Sesam, zwei Mohn. Was kostet das Vinschgauer?

Verkäuferin	*(packt alles wieder aus der Tüte aus)*: Also noch mal von vorn. Zwei Croissants?
Frau:	Ah, ich sehe, Sie haben noch ein Sonderangebot! Wie geht das denn?
Verkäuferin	*(genervt):* Wie's da steht: Zehn gemischte Brötchen für fünf Euro. Aber Croissants gehören nicht dazu.
Frau:	Und Schokocroissants?
Verkäuferin:	Auch nicht.
Frau	*(enttäuscht):* Aha. Und dies andere Sonderangebot?
Verkäuferin	*(gereizt):* Das sind einfach nur fünf Schrippen für zwei Euro.
Frau	*(überlegt):* Also, ich nehme drei Sesam…
Verkäuferin:	Drei???
Frau:	Ja, und ein Knackfrisches.
Verkäuferin:	Ein Knackfrisches, ja?
Frau:	Haben Sie auch Laugencroissants?
Verkäuferin	*(leise):* Sagen Sie, sind Sie eventuell von dieser Selbsthilfegruppe?
Frau	*(errötet):* Wie meinen Sie?
Verkäuferin:	Von dieser Gruppe »Mehr Mut im Alltag«?
Frau:	Ja.
Verkäuferin	*(immer noch leise):* Wir haben schon öfter mit Ihrer Leiterin gesprochen. Können Sie nicht mal 'ne andere Bäckerei für Ihre Übungen nehmen?!

Kleines Problem

Auf dem Wochenmarkt. Mann am Gemüsestand.

Mann: So, ich brauch wieder Kartoffeln. Wissen Sie noch, welche ich letzte Woche hatte?
Verkäufer: Das war, glaube ich, die Sieglinde, oder?
Mann: Ja, Sieglinde klingt vertraut. Eine Frage: Können Sie bitte die kleinen Kartoffeln raussortieren und mir nur die großen geben?
Verkäufer: Das ist leider nicht möglich. Schauen Sie, ich mache das hier mit so einer Schütte, da sind die Größen alle gemischt. Die kommen so vom Acker.
Mann: Dann bekomme ich ein Problem mit meiner Frau. Die mag die kleinen nämlich nicht schälen.
Verkäufer: Hmm, was machen wir dann, vielleicht eine andere Sorte? Schauen Sie hier, die Linda, die sind etwas größer.
Mann *(zögerlich)*: Ja, nein, ich nehme lieber die, die ich letzte Woche auch hatte. Die waren sehr lecker. Bitte nur die großen.
Verkäufer: Das kann ich leider nicht machen, dann bekomme ich Ärger mit meinem Chef. Ich darf die kleinen nicht aussortieren.

Mann:	Das ist ja doof. Ich bekomme Ärger mit meiner Frau, Sie bekommen Ärger mit Ihrem Chef… In was für einer Welt leben wir eigentlich? Ich möchte doch nur ein paar Kartoffeln kaufen.
Verkäufer:	Die Linda ist genauso festkochend wie die Sieglinde, ich würde die ruhig nehmen. Das merkt Ihre Frau doch gar nicht.
Mann:	Ham Sie 'ne Ahnung. Nee, das Risiko ist mir zu groß. Wissen Sie was? Ich nehm die Sieglinde und nehme einfach ein halbes Kilo mehr. Dann sortiere ich hier gleich vor Ort die kleinen selbst aus und schenke Ihnen diese.

5. Herzensbrecher:
Von Novalis bis Bauer sucht Frau

*»Welch eine himmlische Empfindung ist es,
seinem Herzen zu folgen.«* (Johann Wolfgang von Goethe)

*»Ich denk nur noch an Schmerz und Hass,
doch ich hab was gelernt, mein Schatz,
dass ich nicht jede Schlampe in mein Herz reinlass.«*
(Bushido)

Mit der Liebe haben wir es schwer. Sie muss ehrlich sein, tief, treu und rein, wie bei Goethes Werther und Lotte. Es geht um nichts weiter als die ganz großen Gefühle. Aber was hat das mit der Frau zu tun, die dich gerade ankeift? Wann und wo hast du die eigentlich aufgegabelt? Die drei Monate Verliebtheit waren wundervoll. Aber dann zog sie bei dir ein, deine Möbel kamen auf den Sperrmüll, und dir ging auf, dass ein gemeinsames Ehebett so erotisch ist wie das Titelbild der *HÖRZU*. Und dass ewige Treue verdammt lästig sein kann.

Eigentlich hat Liebe ja was mit Sex zu tun. Nur dass wir leider nicht sexy sind. Deshalb wollen wir wenigstens Romantik. So viel wie möglich. Es gibt mit der Romantik nur ein ganz kleines Problem: Sie ist ein scheues Reh, das nur auf verschwiegenen Wiesen grast. Sobald man über sie spricht oder sie einfordert, verschwindet sie. Probieren Sie es mal. Oder nein, probieren Sie es lieber nicht. Lesen Sie es lieber nach. Die Sehnsucht bleibt. Und die Hilflosigkeit. Denn selbst wenn die große Liebe plötzlich vor uns steht, im Supermarkt – wie sprechen wir sie an? »Äh, Entschuldigung, ich bin der Rainer, erinnerst du dich, ich glaub, wir waren mal zusammen auf dieser Party von dieser ... äh, wie hieß sie noch?« Das endet dann so erfolgreich wie Egon Krenz als Staatsratsvorsitzender der DDR. Und um uns noch weiter zu erniedrigen, schwärmen alle deutschen Frauen ungefragt davon, wie herrlich es sei, von einem Italiener auf dem Markusplatz angetänzelt zu werden.

Unser Vorschlag: Wir übernehmen alle Schulden von Griechenland, Spanien und Italien. Und dafür zeigen die uns endlich mal, wie das geht mit der Liebe. Mit dem Ansprechen und Verführen. Und dem Wiedergehen. Das wäre mal ein europäisches Projekt, von dem alle etwas haben!

Emanzipation

*Am Bahnhof. Ein etwas mitgenommen wirkendes Paar
(beide etwa 40 Jahre alt) steht auf dem überfüllten Bahnsteig
und wartet auf einen Zug.*

Frau *(laut)*: Ey, musst du eigentlich immer allen Stuten so hinterhergucken?
Mann *(leise)*: Äh? Ich hab nirgendwo hingeguckt.
Frau (sehr *laut*): Du hast doch der Schlampe eben so was von auf den Arsch geglotzt!
Mann *(jetzt ebenfalls laut)*: Das stimmt doch überhaupt nicht! Aber selbst wenn: Ich bin ein Mann, und gucken wird ja wohl noch erlaubt sein.
Frau *(brüllt fast)*: Nix ist hier erlaubt. Der einzige Arsch, der hier angeguckt wird, bin ich!

Diskussion bei Kerzenschein

*Abends im italienischen Restaurant.
Junges Paar beim Rotwein.*

Sie: Nur leider bist du halt nicht romantisch.
Er: Wie, ich bin nicht romantisch?

Sie: Ach komm, Schatz, du kannst nun wirklich nicht behaupten, dass du romantisch bist.

Er: Das kommt ganz drauf an, was man unter Romantik versteht.

Sie: Okay, du spielst Klavier. Aber das ist auch alles.

Er: Ich spiele sogar bevorzugt romantische Stücke, zum Beispiel Schubert.

Sie: Trotzdem bist du kein romantischer Mensch.

Er: Aber hör mal, manchmal werde ich beim Klavierspielen richtig traurig und fange fast an zu heulen!

Sie: Das ist nun wirklich nicht romantisch! Das ist weinerlich!

Er: Weinerlich? Aber beim jungen Goethe weinen die fast ununterbrochen, Werther zum Beispiel. Und das ist ja wohl der Urbegriff von Romantik.

Sie: Blödsinn, das sind einfach nur Weicheier, die sind doch nicht romantisch! Paris ist romantisch! Ein großer Strauß Rosen ist romantisch! Ein Candle-Light-Dinner mit Rotwein ist romantisch!

Er: Eben! Wo sitz ich denn hier grad mit dir? ICH BIN SEHR ROMANTISCH!

Ehrlich ist am längsten

In der Herren-Gruppendusche eines Badminton-Centers. Mehrere Duschen sind besetzt. Ein Mann betritt die Räumlichkeiten und hängt sein Handtuch an einen Haken.

Neuer:	Na, ihr Warmduscher.
Anderer Duscher:	Tu doch nicht so – du doch auch!
Neuer:	Na klar. Kalt duschen ist doch was für Gockel.
Anderer Duscher:	Meine Freundin duscht sich am Ende immer noch mal kalt ab, würd ich nie machen!
Neuer:	Nee, eher andersrum: am Ende noch ein bisschen wärmer. Wollt ihr wissen, was ich nach dem Duschen zu Hause immer mache?
Anderer Duscher:	Nee, lass mal, lieber nicht.
Neuer:	Ich dreh den Duschhebel nachher immer auf kalt. Damit Jenny denkt, dass ich immer kalt dusche.
Anderer Duscher:	Ich finde, man sollte zu seiner Duschtemperatur stehen.
Neuer:	Tu ich doch! Nur nicht vor Jenny. Kalt duschen ist doch männlicher!
Anderer Duscher:	Hä? Je kälter, desto kleiner, weißt du doch!

Kontakt-Los

Im Supermarkt. Eine junge Frau und ein junger Mann.

Junger Mann: Ey, 'tschuldigung, heißt du zufällig Daniela oder so?

Junge Frau: Ja, äh, wieso?

Junger Mann: Ey, krass, wir kennen uns. Oder ich kenn dich, oder so. Du hast doch mal mit Frank zusammengewohnt, in Winterhude. Da war mal so 'ne Party, da haben wir uns kurz gesehen.

Junge Frau: Ja, kann sein. Das müsste aber schon lange her sein. Weiß ich jetzt irgendwie nicht mehr. Aber stimmt, ich hab mal mit Frank in einer WG gewohnt.

Junger Mann: Und hast du noch Kontakt zu ihm? Weißt du, wie es ihm geht?

Junge Frau: Das ist lustig, eine Freundin von mir hat ihn gerade gestern zufällig getroffen, keine Ahnung, ich hab keinen Kontakt mehr zu ihm. Hast du noch Kontakt zu ihm? Ihr habt doch damals zusammen studiert, oder?

Junger Mann: Ja.

Junge Frau: Und was machst du jetzt?

Junger Mann: Ich studier' noch.

Junge Frau: Echt? Was denn?
Junger Mann: Sozialökonomie. Frag jetzt aber nicht, was das ist. Da wärst du so ungefähr die 187ste.
Junge Frau: Nee, keine Angst, hab ich schon mal von gehört.
Junger Mann: Alles klar. Ja, ich freu mich, dich getroffen zu haben. Grüß mal Frank von mir, wenn du ihn siehst.
Junge Frau: Ich seh' ihn eigentlich nicht mehr.
Junger Mann: Ja, macht nichts. Aber wenn du ihn siehst, grüß ihn.
Junge Frau: Klar. Ciao!

Öko-Romantik

Es ist Februar, ein circa 35-jähriger Kunde schaut sich im Blumenladen um.

Blumenfrau: Kann ich Ihnen schon helfen, oder schauen Sie sich erst noch ein bisschen um?
Kunde: Ich such eine schöne Blume, die ich zu einer Verabredung verschenken möchte.
Blumenfrau: Ach, da finden wir bestimmt was Passen-

des. Heute Morgen sind zum Beispiel gerade neue Tulpen eingetroffen. Schauen Sie mal hier drüben.

Kunde: Tulpen, hmm. Die kommen aus holländischen Gewächshäusern, oder?

Blumenfrau: So ist es. Oder was auch sehr hübsch ist, das sind diese Rosen hier.

Kunde: Oh, ja, die sehen gut aus. Wo kommen die denn her?

Blumenfrau: Die meisten kommen aus Afrika, hauptsächlich aus Kenia. Wir haben hier drüben aber auch welche aus Lateinamerika.

Kunde: Auweia, das ist ja schade. Das kann ich leider nicht machen.

Die Blumenfrau schaut fragend.

Kunde: Die Frau, für die die Blumen sind, ist ökologisch sehr korrekt eingestellt. Wenn ich der Blumen aus Afrika mitbringe, kann ich gleich wieder einpacken.

Blumenfrau: Ach so.

Kunde: Haben Sie auch Blumen, die nicht so weit gereist sind?

Blumenfrau: Wir haben Februar, junger Mann, draußen liegt Schnee. Im Moment gibt's leider keine heimischen Blumen. Da sind Hollands Gewächshäuser schon das Nächste, was ich anbieten kann.

Kunde: Das hatte ich schon befürchtet. Schwierig, schwierig. Dabei sind Blumen eigentlich so ein schönes unverfängliches Geschenk. Haben Sie auch Blumenvasen?

Was zum Knuspern

In der Bäckerei. Kunde (junger Mann) und junge Bäckereifachverkäuferin.

Verkäuferin: Und was darf es bei Ihnen sein?
Kunde: Ich möchte gern fünf Schrötli-vital-Brötchen.
Verkäuferin: Darf's dazu noch etwas Süßes sein?
Kunde: Das ist lieb, nein danke.
Verkäuferin: Dann macht das zwei Euro. Und wenn du nachher noch Appetit auf etwas Süßes bekommst, weißt du ja, wo du mich findest.
Der Kunde läuft rot an.

Schönheit hat ihren Preis

Kundin (attraktive und sympathische Frau, elegant gekleidet,
um die 35 Jahre alt),
Bäckereifachverkäufer (südländischer Typ).

Kundin: Hallo, ich hätte gern ein Rübli und einen von diesen Mini-Johannisbeerkuchen.

Verkäufer: Gerne, haben Sie sonst noch einen Wunsch?

Kundin: Nein danke. Oder zumindest keinen, den Sie mir erfüllen können.

Verkäufer: Oh, das würde ich so nicht sagen. Einer attraktiven Frau wie Ihnen würde ich jeden Wunsch erfüllen.

Kundin: Vielen Dank.

Verkäufer: Ein neues Auto, eine Yacht, ein heißer Flirt am Urlaubsstrand? Oder vielleicht ein Schoko-Muffin?

Die Kundin lächelt und schweigt.

Verkäufer: Kommen Sie schon, was ist es, was Sie sich wünschen? Vielleicht kann ich Sie glücklich machen?

Kundin: Sie sind gut, sehr gut. Aber nein danke.

Verkäufer: Schauen Sie, ich tue, was ich kann. Die Menschen kommen und fragen nach Brötchen. Ich schenke ihnen meine Liebe.

Das ist mein Erfolgsrezept: Du musst deinen Kunden Liebe schenken. Und natürlich Brötchen verkaufen und Geld verdienen, denn eines Tages kommt eine schöne Frau und möchte mehr als nur ein Stück von deinem Kuchen. Schöne Frauen sind nicht billig!

Blühende Liebe

Im Baumarkt. Ein junges Paar (beide etwa 30 Jahre alt) steht in der Gartenabteilung vor den Saat-Tüten; der Mann betrachtet einen Beutel Rasensaat in seiner Hand.

Mann: Schatz, was meinst du, ist das der Richtige? Spiel- und Sportrasen, extra strapazierfähig?
Frau: Die Schmidts haben gesagt, dass wir den nehmen sollen. Falls wir später mal Kinder bekommen.
Mann: Hmm. Vielleicht ist doch eher der Schattenrasen das Richtige für uns. Der Garten liegt ja an der Nordseite vom Haus.
Frau: Keine Ahnung, ist doch egal. Für den Rasen bist du zuständig.
Mann: Dann würde ich gern die Wiesenrasen-Mi-

schung mit Wildblumen nehmen. Dann blüht
es im Frühling schön!

Frau: Wiesenblumen im Rasen?

Mann: Ja! Da freuen sich auch die Schmetterlinge
und die Marienkäfer – das sieht bestimmt
hübsch aus, Schatz.

Frau: Nee, lass mal und nimm mal lieber den Schattenrasen, du weißt schon, wegen meinem Heu-
schnupfen.

Sensibler Cowboy

Abends im Literaturcafé. Zwei Männer, etwa 30 Jahre alt,
einer trinkt Bier, der andere Wein.

Mann mit Wein: Wart mal ab, die Zeit heilt alle Wun-
den.

Mann mit Bier: Du mich auch. Aber eines sag ich
dir: Wenn ich jemals wieder eine
Frau an mich ranlassen sollte, dann
muss sie genauso gut oder besser
als Claudia sein. Und so eine Frau
muss man erst mal finden.

Mann mit Wein: Hmm.

Mann mit Bier: Ich mein das ernst. Mir geht es echt

	schlecht. Kann nur hoffen, dass das schnell vorbeigeht. So was will ich nie, nie wieder erleben.
Mann mit Wein:	Alkohol ist auch keine Lösung.
Mann mit Bier:	Ach, hör auf. Vielleicht hau ich einfach ab, geh nach Amerika oder Australien oder so. Also, wenn es nicht besser wird. Ich geb mir noch einen Monat, aber wenn es dann immer noch so schlimm ist, hau ich ab.
Mann mit Wein:	Nach Amerika?
Mann mit Bier:	Ja, Marlboro-Country, oder was weiß ich. Einfach weg.
Mann mit Wein:	Wie wär's mit Sport? Was du brauchst, ist ein Ziel. Marathon, Triathlon, so was. Wo man sich richtig vorbereiten muss.
Mann mit Bier:	Ich bin so durch mit allem, ich bin froh, wenn ich mich motiviert kriege, morgens zu duschen. Mir ist das alles so was von egal im Moment. Ich guck den ganzen Tag fern, penn ein, guck weiter und so. Gestern Nachmittag kam irgendwas mit Black Beauty, da hab ich fast angefangen zu heulen, als das Scheißpferd gestorben ist.

Mann mit Wein:	Black Beauty?
Mann mit Bier:	Du weißt schon, dieser Kinderfilm. Zeichentrick, und am Ende stirbt der Gaul. Total bescheuert, aber ich fang an zu heulen. Hab wegschalten müssen! Ich glaub, ich geh nach Amerika.

6. Verkaufstalente:
Von den Fuggern bis Aale-Dieter

»Der Kaufmann hat in der ganzen Welt dieselbe Religion.«
(Heinrich Heine)

»Wer ist ein guter Verkäufer? Einer, der den Papst davon überzeugt, sich ein Doppelbett zu kaufen.« *(Matthias Beltz)*

Eigentlich können wir es. Die Hanse hat es gezeigt: Städte wie Hamburg, Lübeck oder Bremen brachten es zu Global Playern des Mittelalters. Und Siemens, VW und Beiersdorf verkaufen heute ICEs, Audis und Nivea in den letzten Winkel unseres Planeten und machen uns zum Exportvizeweltmeister, geschlagen nur vom zehnmal so großen China.

Aber das scheint alles in einem Paralleluniversum stattzufinden. Denn an den Verkaufstheken, an denen wir Schlange stehen, läuft das alles ganz anders. Da kommt es einem Wunder gleich, dass am Ende überhaupt etwas verkauft wird. Da treffen zwei Parteien aufeinander, gegen die Indien und Pakistan wie einträchtige Schwestern wirken.

Denn Deutschland war während des größten Teils seiner Geschichte ein armes Land, rückständig, ländlich und zersplittert. Reiche, so erzählen es unsere Volksmärchen, haben kein Herz, und Geld macht unglücklich. Und diese Mentalität ist uns geblieben. Kommerz ist ein Schimpfwort. Wer etwas verkauft, macht sich verdächtig. Wer für etwas wirbt, will manipulieren. Und das freundliche Verkäuferlächeln ist oberflächlich, unecht, amerikanisch. Deshalb begegnen wir jeder Verkaufssituation mit Misstrauen. Um keinen Preis wollen wir uns übers Ohr hauen lassen oder etwas kaufen, was die Stiftung Warentest nicht empfohlen hat. Einzige Ausnahme: sonntagmorgens um fünf auf dem Hamburger Fischmarkt bei Aale-Dieter, mit vier Promille von der durchsoffenen Nacht im Blut.

Auf der anderen Seite steht der Verkäufer. Auch er hat ein Problem. Der Kunde möchte nämlich nur ein einziges Brötchen für dreißig Cent. Aber damit lässt sich keine Raummiete verdienen. Also versucht er, ihm das Tomate-Gurken-Sprossen-Frischkäse-Ciabatta für 3,90 € anzudrehen, zusammen mit dem XXL-Caramel-Flavour-Macchiato für 5,10 €. So wird die Theke zum Boxring: Grundmisstrauischer Kunde trifft vertriebsgeschulten Verkäufer. Der Kunde hält beide

Fäuste zur Deckung nach oben. Der Verkäufer teilt freundliche Schläge aus. Und weit und breit kein Schiedsrichter.

Normal oder bio

Frau (etwa 60 Jahre alt) und türkischer Gemüsehändler (etwa 40 Jahre alt) stehen draußen vor dem Geschäft am Gemüseregal.

Frau:	Guten Tag, ich hab da mal eine Frage zu den Kürbissen: Sind das normale oder sind die bio?
Gemüsehändler:	Die sind bio.
Frau:	Ich habe nämlich ein kleines Enkelkind von sieben Monaten, und da hab ich meiner Schwiegertochter versprochen, eine gesunde Kürbissuppe zu kochen. Die Gläschen von Hipp sind auch nicht schlecht, aber frisch gekocht ist natürlich immer das Beste.
Gemüsehändler:	Ja, das stimmt.
Frau:	Wissen Sie was? Ich nehme gleich zwei Kürbisse, dann mach ich näm-

lich zwei Suppen. Eine für die Kleine und eine für uns Erwachsene. Für uns würze ich die schön mit Ingwer. Haben Sie auch Ingwer?

Gemüsehändler: Ja, habe ich Ingwer drinnen, neben der Tür.

Frau: Und die Kürbisse, die sind garantiert bio, oder? Ich möchte meinem Enkelkind nichts Ungesundes kochen. Man muss ja wirklich aufpassen, heutzutage. Die Kinder bekommen ja alle gleich Allergien oder Neurodermitis und sonst was für Sachen. Die Kürbisse hier haben auch keine Gene oder so, nicht wahr?

Gemüsehändler: Nein, alles gute Ware, alles bio, keine Gene.

Frau: Da bin ich beruhigt, dann nehme ich diese beiden!

Der Zugereiste

In einer Kölschkneipe.

Gast: Haben Sie Tomatensaft mit Tabasco?

Ober: Wir haben Kölsch.
Gast: Und was sonst?
Ober: Wasser.
Gast: Mineralwasser?
Ober: Ja.
Gast: Welche Marke?
Der Ober dreht sich um und geht.

Kundenbindung

Bahnhofsbäckerei. Verkäuferin (etwa 20 Jahre alt)
und Kunde (etwa 50 Jahre alt).

Verkäuferin: Hallo, was darf es bei Ihnen sein?
Kunde: Ich hätte gern ein normales Brötchen.
Verkäuferin: Mit Gouda?
Kunde: Nein, einfach nur ein normales Brötchen.
Verkäuferin: Ach so, zum Hieressen oder zum Mitnehmen?
Kunde: Zum Mitnehmen, bitte.
Verkäuferin: Okay, 30 Cent bitte.
Kunde: Bitte schön.
Verkäuferin: Oh, haben Sie es vielleicht etwas kleiner?

Kunde:	Nein, tut mir leid, ich hab nur diesen 10-Euro-Schein.
Verkäuferin:	In Ordnung, das bekommen wir schon irgendwie hin. So, hier kommt Ihr Rückgeld, bitte schön. Brauchen Sie den Bon?
Kunde:	Wie bitte?
Verkäuferin:	Möchten Sie den Bon haben?
Kunde:	Nein danke, den brauche ich nicht. Es ist schon sensationell, wie viele Fragen man beantworten muss, um ein einfaches Brötchen ohne alles zu bekommen!
Verkäuferin:	Darf es sonst noch etwas sein?

Revanche

An der Tankstelle.

Kunde:	Einmal die Autowäsche Nummer fünf, bitte.
Verkäufer:	Wir haben bei den Wäschen gerade Aktionswoche. Nehmen Sie doch die sieben, die ist besser und zurzeit 50 Cent günstiger als die fünf.
Kunde:	Nee, lassen Sie mal. Ich nehm die fünf.
Verkäufer:	Sie nehmen die fünf?
Kunde:	Zahlt die Firma.

Verkäufer: Macht doch nichts – man kann doch auch für die Firma Geld sparen?
Kunde: Nee, nee. Ich kriege von denen auch nichts geschenkt. Ich bleib bei der fünf.

Kunden-Orientierung

Im Elektro-Fachmarkt. Kundin (etwa 50 Jahre alt) steht an der Kasse.

Kassiererin: Das macht 7,95 Euro. Möchten Sie eine Tüte?
Kundin: Danke nein, das geht so mit.
Kassiererin: Dürfte ich bitte noch Ihre Postleitzahl erfahren?
Kundin: Wie bitte?
Kassiererin: Ob Sie mir bitte noch Ihre Postleitzahl für unser System sagen können.
Kundin: Nein, die möchte ich Ihnen lieber nicht sagen.
Kassiererin: Das ist schade. Also, ich würde mich ja freuen, wenn ein Elektro-Fachmarkt in meiner Nähe wäre.
Kundin: Ja? Wieso das denn?
Kassiererin: Das ist doch praktisch!

Kundin:	Aber Sie arbeiten doch hier. Da brauchen Sie doch keinen in Ihrer Nähe?
Kassiererin:	Nein, nicht ich. Ich meinte doch auch Sie. Dass ich mich als Kunde freuen würde, wenn ein Elektro-Fachmarkt in meiner Nähe wäre.
Kundin:	Ach so. Also, ich würde mich freuen, wenn ein Bauernhof in meiner Nähe wäre. Zum Beispiel mit Pferden.

Alte Schule

In einem großen Supermarkt. Ältere Dame (etwa 65 Jahre alt) fragt am Informationsschalter einen Supermarkt-Mitarbeiter (etwa 40 Jahre alt) nach einem Produkt.

| Mitarbeiter: | Warten Sie bitte kurz, ich rufe Ihnen einen jungen Mann hierher, der Sie dann zum Regal führt. Ich kann hier leider nicht weg. |

(Er macht eine Durchsage über den Ladenlautsprecher:)
Herr Kaminski, bitte an den Informationsstand, Herr Kaminski bitte.

Ein etwa 50-jähriger Mann kommt zum Informationsstand.

Verkaufstalente

Mitarbeiter: So, die Dame, hier ist der junge Mann, der Ihnen gleich weiterhelfen kann.

(An Herrn Kaminski gewandt:) Rolf, bist du so gut und hilfst der jungen Frau, das Fischgewürz zu finden?

Dame: Also entschuldigen Sie bitte, ich glaube, Sie müssen mal zum Optiker.

Mitarbeiter guckt überrascht.

Dame: Ja, also ich bitte Sie! Weder bin ich eine junge Frau noch ist Herr Kaminski ein junger Mann. Das ist beides in Ordnung so, aber Ihr Spruch ist bei uns ein wenig fehl am Platz.

Mitarbeiter: Aber gute Frau, ich bitte Sie. Wir sind doch dasselbe Baujahr, Sie und ich.

Dame: Jetzt ist aber gut. Ich könnte Ihre Mutter sein, Gott bewahre!

Mitarbeiter: Jetzt übertreiben Sie aber. Wir hätten zusammen die Schulbank drücken können, da bin ich mir sicher.

Dame: Wenn Sie mir weiter so schmeicheln, dann muss ich gleich erröten. Wissen Sie, wie das geht? Ich bin so alt, dass ich das Erröten noch auf der Mädchenschule gelernt habe.

Der Prophet

Im Vorraum eines Kleinstadt-Theaters,
eine halbe Stunde vor Aufführungsbeginn.

Künstler: Und? Wie viele Karten sind verkauft?

Veranstalter: Geht so. Um die 40.

Künstler: Sie haben für heute Abend nur 40 Karten verkauft?

Veranstalter: Na ja, verkauft sind bloß 20. Der Rest ist reserviert.

Künstler: Oje. Ich habe allerdings auch in der ganzen Stadt keine Plakate für heute Abend gesehen.

Veranstalter: Plakate bringen nix.

Künstler: Äh, haben Sie denn Anzeigen geschaltet?

Veranstalter: Anzeigen sind zu teuer. Und außerdem sind meine Veranstaltungen sowieso immer schlecht besucht.

SuperKredit

Innenraum einer Bank. Kundin (etwa 40 Jahre alt) und Bankberater (etwa 50 Jahre alt) sitzen sich gegenüber.

Kundin: Ich interessiere mich für Ihren Superkredit. Für 4,4 Prozent. Der vom Plakat draußen.

Bankberater: Ja, schön, dass Sie den Weg zu uns gefunden haben. Darf ich fragen, wie Ihre Einkommensverhältnisse sind?

Kundin: Na ja, ich kriege als Angestellte um die eintausendvierhundert Euro. Außerdem verdient mein Mann als freier Grafiker noch...

Bankberater: Ihr Mann ist selbständig? Dann können wir sein Einkommen leider nicht berücksichtigen. Es zählt nur Ihr Gehalt.

Kundin: Nur mein Halbtagsgehalt?

Bankberater: Warten Sie, ich geb das mal gerade in unser System ein.

Der Bankberater beschäftigt sich eine ganze Weile mit seinem Computer.

Bankberater: Genau... Ich kann Ihnen etwas anbieten für 15 Prozent.

Kundin: Äh, steht draußen nicht 4,4 Prozent?

Bankberater: AB 4,4 Prozent! Bei sehr solventen Kunden. Nicht bei einem Monatsgehalt von vierzehnhundert Euro.

Kundin: Aber unser Monatsgehalt ist ja viel höher! Mein Mann ...

Bankberater: Wie ich schon sagte, das Einkommen Ihres Mannes können wir leider nicht berücksichtigen.

Kundin: 15 Prozent. Das ist ja sehr viel. Viel mehr, als draußen stand. Was für eine monatliche Belastung wäre denn das?

Bankberater: Das wären, Moment ... *(blickt wieder auf seinen Bildschirm)* insgesamt 760 Euro Zinsen und Tilgung im Monat.

Kundin *(entsetzt)*: 760 Euro? Bei tausendvierhundert Euro Gehalt? Da bleiben mir ja für alle Unkosten und den Lebensunterhalt nur 640 Euro! Für zwei Erwachsene und drei Kinder!

Bankberater *(lächelt nachsichtig)*: So schlimm wird's nicht kommen. Sie dürfen ja das Einkommen Ihres Mannes nicht vergessen!

Kreativität

Mittagspause im Biergarten. Zwei Frauen in Business-Kleidung schauen sich Papiere an.

Erste Frau: Das ist so langweilig gestaltet, das ruft doch keine Sau aus dem Ofen hervor.
Zweite Frau: Ja, kein Wunder, dass sich das nicht verkauft. Da ist echt die Kuh in den Brunnen gefallen.
Erste Frau: Selber schuld, wenn die immer meinen, alles selber machen zu müssen.
Zweite Frau: Die haben halt keine neuen Ideen. Machen immer das Gleiche. Kreativität ist was anderes!

Marketingexpertise

Am Sushi-Stand im Einkaufszentrum.
Zwei Geschäftsmänner in der Mittagspause.

Mann mit gestreifter Krawatte: Jetzt müssen wir nur noch sehen, dass wir die PS auch auf die Straße kriegen.
Mann mit einfarbiger Krawatte: Völlig richtig, aber vor-

her müssen wir noch die aus dem Backoffice
mit ins Boot holen.

gestreifte Krawatte: Das wäre optimal, aber wenn die
zu langsam sind, fangen wir auch ohne die
an. Der Roll-out startet nächste Woche.

einfarbige Krawatte: Wann ist noch mal Kick-off?

gestreifte Krawatte: Mittwoch geht der Newsletter mit
der Mitarbeiter-Info raus, Donnerstag ist das
System freigeschaltet.

einfarbige Krawatte: Na, dann soll die Kuh man fliegen.

7. Menschenfreunde:
Von Schiller bis Facebook

»Wer ohne Freund ist, geht wie ein Fremdling über die Erde.«
(Friedrich Schiller)

»Ich hab mit dem Miro ein ganz normales Superverhältnis.«
(Lukas Podolski)

Wir leben in einer feindseligen Welt. Unsere Politiker sind korrupt, unsere Unternehmer habgierig, unsere Kinder tyrannisch, unsere Nachbarn neidisch, unsere Beamten faul, und dann pfuschen auch noch unsere Handwerker. Was bleibt da noch? Genau: der Freund. Der richtig gute Freund. Hilfsbereit, loyal, verständnisvoll und treu. So kamen die Germanen durch die Wildnis, jahrtausendelang. So kämpften sich die Ritter aus der Belagerung. Jean Paul Getty hat einmal behauptet, uneigennützige Freundschaft könne es nur unter Menschen derselben Gehaltsklasse geben. Darüber lächeln wir nur. Uns gilt Freundschaft als das Gegenteil von Eigennutz, in Nibelungentreue opfern wir uns für unseren Nächsten.

So weit die Theorie. In der Praxis helfen wir zwar gerne einem Gehbehinderten über die Straße. Aber was tun, wenn er uns danach auf einen Wodka zu sich nach Hause einlädt? Eingewanderte Polen beklagen sich bitterlich, dass sie auch nach zwanzig Jahren von ihren deutschen Arbeitskollegen nicht nach Hause eingeladen werden. In ihrer Heimat wäre das spätestens nach einer Woche passiert. Das hat aber gar nichts mit den Polen zu tun. Wir laden auch keine Deutschen ein.

Nein, unsere Freundschaft geht mehr in die Ferne: Früher waren es die Päckchen nach drüben. Heute ist es das Patenkind in Ruanda, das wir ein Leben lang nicht zu Gesicht bekommen. Hoffentlich! Oder die 387 Facebook-Freunde. Adden, posten, *Gefällt mir* drücken. Wie viel lästige Face-to-face-Kommunikation man dadurch einspart!

Noch leichter fällt uns Freundschaft, wenn es gar nicht um Menschen geht. Wir geben mehr Geld für Tierfutter aus als für Kindergärten. Und pflegen ein zärtliches Verhältnis zu unserem Opel Corsa. Und zur Deutschen Mark. Wie Sie hier nachlesen können, sogar zu Gummibändern.

Warmherzigkeit

Es ist Winter. Ein alter Mann mit Gehhilfe versucht die verschneite Fahrbahn einer kleinen Seitenstraße zu überqueren. Es kommt ihm ein junger Mann entgegen, der einen Kinderwagen schiebt.

Alter Mann: Entschuldigen Sie, Junge, kannst du mir mal helfen, den Bürgersteig runterzukommen?

Junger Mann: Gerne, Augenblick, ich muss nur mal kurz den Kinderwagen hier an die Seite stellen.

Alter Mann: Vielen Dank, das ist nett von Ihnen. Ich bin letzte Woche ausgerutscht, hab mir aber zum Glück nichts gebrochen.

Junger Mann: Ja. So, jetzt sind wir unten, gern geschehen.

Alter Mann: Junger Mann, kommen Sie, kannst du mir auch auf der anderen Seite kurz helfen, den Bürgersteig raufzukommen?

Junger Mann: Gerne, Sekunde, ich schiebe nur kurz den Kinderwagen über die Straße.

Alter Mann: Ich habe eigentlich einen Pflegedienst. Kommt einfach nicht. Schlimm so was. Willst du Geld? Zehn Euro?

Junger Mann:	Nein danke, das ist doch selbstverständlich, ich habe Ihnen gern geholfen.
Alter Mann:	Dann trinken wir einen Wodka, der wärmt die Seele!
Junger Mann:	Oh, ähm, vielen Dank, nein danke. Ich habe meine kleine Tochter dabei. Vielleicht nächstes Mal.
Alter Mann:	Nächstes Mal trinken wir Wodka! Ich habe den ganzen Kühlschrank voll damit. Alles Gute für dich. Grüßen Sie mir Ihre Frau, falls Sie eine haben!

Tankeschön

Tankstelle. Kassierer (etwa 35 Jahre alt) und Kunde (etwa 50 Jahre alt).

Kunde:	Die drei, bitte.
Kassierer:	Bezahlen?
Kunde:	Ja, den Diesel an Säule drei.
Kassierer:	Da ist nichts offen.
Kunde:	Wieso ist da nichts offen?
Kassierer:	Hier im Computer steht, das hat schon jemand bezahlt.

Kunde: Das ist ja schön. Dann hat mich wohl jemand eingeladen. Dann kann ich ja gehen.

Kassierer: Ja. Aber dann hat jemand falsch bezahlt, wenn Sie das nicht waren. Dann hat der wahrscheinlich eine falsche Säule gesagt.

Kunde schaut fragend.

Kassierer: Hier in meinem System ist noch Säule vier offen, und da steht kein Fahrzeug.

Kunde: Säule vier?

Kassierer: Der von Nummer vier hat wahrscheinlich drei gesagt. Ich kontrolliere ja nicht, ob die Nummern stimmen. Wollen Sie die vier dann übernehmen?

Kunde: Das kommt drauf an, für wie viel da getankt wurde.

Kassierer: 64,42 Euro.

Kunde: Und für wie viel habe ich getankt?

Kassierer: 61 Euro.

Kunde: Ja, okay, das ist ja fast das Gleiche. Dann übernehm ich die andere Rechnung.

Kassierer: Aber das sind drei Euro mehr!

Kunde: Macht nichts.

Altes Duett

An der Crêpesbude. Alter Crêpesverkäufer
(etwa 65 Jahre alt), noch älterer Kunde.

Verkäufer: Na, mein Lieber, ham se dich auch mal wieder rausgelassen?

Kunde: Was meinst du?

Verkäufer: Ich sach, na, mein Lieber, ob se dich auch mal wieder rausgelassen haben! Du musst mal dein Hörgerät ordentlich aufdrehen!

Kunde: Ja, die Sonne scheint.

Verkäufer: Die hab ich nicht bestellt, das ist Zufall.

Kunde: Nee, hast keinen Draht nach oben, was?

Verkäufer: Was darf's denn sein, mein Lieber? Schön mit Eierlikör?

Kunde fängt an zu singen.

Verkäufer: Nee, er nu wieder. Sind das wieder deine brasilianischen Lieder, mein Lieber?

Kunde: Jetzt komm ich hier schon seit 20 Jahren zu dir, und du kannst immer noch nicht singen.

Verkäufer: Nee, Brasilianisch versteh ich nicht. Kommst du wirklich schon so lange?

Kunde: 20 Jahre! Und du kannst immer noch nicht singen.

Verkäufer:	Singen kann ich schon, mein Lieber. Nur nicht brasilianisch.
Kunde:	Da machst du hier all die Jahre diese ausländischen Pfannkuchen und kannst immer noch nicht singen.
Verkäufer:	Die kommen aus Frankreich, nicht aus Südamerika.
Kunde:	Ach ja? Na, dann mach mir einen schön mit Eierlikör. Bei dem Wetter!

Gesundes Arbeitsklima

Vor einem Betriebskindergarten. Eine Frau mit leerer Kinderkarre, andere Frau mit Hund an der Leine.

Mutter:	Ach, Frau Wiese, haben Sie heute wieder Ihren Hund mit im Büro?
Frau Wiese:	Ja, freitags hab ich ihn immer mit dabei. Die anderen Tage ist er mit meinem Mann.
Mutter:	Ich find das ja toll, dass Sie den mit ins Büro nehmen und keiner etwas dagegen hat.
Frau Wiese:	Wissen Sie, Buddy ist ein richtiger Bürohund geworden. Der fühlt sich pudelwohl

bei uns auf dem Flur. Und die Kollegen, die lieben ihn einfach. Ganz ehrlich: Seit ich ihn mit ins Büro bringe, ist die Stimmung bei uns deutlich besser geworden.

Mutter: Ach, das glaube ich. So ein Tier öffnet ja auch die Herzen. Da kann man zwischendurch auch mal kurz die Arbeit vergessen und einfach den Hund streicheln.

Frau Wiese: Absolut. Frau Ratje und Herr Polonski haben sogar einen Tennisball im Büro und warten schon immer darauf, dass Buddy zum Spielen kommt.

Mutter: Ein tolles Beispiel für das Zusammenleben von Mensch und Tier. Buddy, du bist ja wirklich ein ganz Lieber! Was leckst du dir denn immer die Pfote, hast du da etwas dran?

Frau Wiese: Ja, das soll er eigentlich nicht. Buddy, lass das bitte. Er hat da ein eitriges Geschwür, das musste aufgeschnitten werden und will einfach nicht trocknen. Kein Wunder, wenn er immer daran leckt. Er bekommt schon seit über einer Woche Antibiotika und ist eigentlich richtig krank. Er verträgt die Medikamente nicht richtig und hat trotz Schonkost seit drei Tagen heftigen Durchfall.

Die Mark ist hart

*Junger Mann (etwa 25 Jahre alt) und eine Frau
(etwa 25 – 30 Jahre alt) gehen an einem Geschäft vorbei.*

Mann: Oh, wait a second, there's some money on the street!

Frau: Oh yeah, you are right, please take it. Oh, it's one Cent, in Germany we call it Glückspfennig.

Mann: Really? And what does it mean?

Frau: Well, it is a word from the former times. You know, when we still had the Pfennig and the Mark. The German Mark, you know?

Mann: Deutsmark, yeah, of course.

Frau: Yes, the good old Deutschmark. And there was also the smaller amount than the Mark and that was the Pfennig. And when you found one, you had luck and that's why we call it Glückspfennig.

Mann: I see.

Frau: Of course it is wrong now. Now the correct name would be Glückscent, but in Germany we like tradition. And the Deutschmark, we still like it, too.

Schmerzhafte Erfahrung

Ältere Frau (Typ »süße Omi«) sitzt in der S-Bahn und versucht ihre Thermoskanne aus einem Gefrierbeutel auszupacken. Als sie die Kanne herausnimmt und öffnet, fällt das Gummiband, welches den Gefrierbeutel zusammenhielt, herunter.
Eine jüngere Frau (etwa 30 Jahre alt) sitzt ihr gegenüber.

Junge Frau: Oh, Ihr Gummiband ist runtergefallen.

Ältere Frau: Nee, wa.

Die junge Frau macht Anstalten, das Gummiband aufzuheben.

Ältere Frau: Nee, lass ma. Das schaff ich schon selbst.

Die ältere Frau schaut suchend auf den Boden.

Ältere Frau: So, wo bist du?

Junge Frau: Es liegt dort unter der Bank, hinter Ihrem Fuß.

Ältere Frau: Ich schaff das schon selbst, hab ich gesagt! *(Guckt suchend.)* So, komm her, du kleine Sau, wo bist du?

Die ältere Frau bückt sich und kniet auf dem Boden.

Ältere Frau: Ach, da bist du ja, komm her, du Schwein. Au! Diese Scheißschmerzen in der Hüfte! Du machst mich fertig.

Bleibender Eindruck

Kieler Woche, Künstlerbereich hinter der Hauptbühne.
Ein Musiker spricht einen Mann an, der dort herumsteht.

Musiker: Wir kennen uns doch! Hast du nicht den Ton für uns gemacht in … in … Detmold?
Mann: Nein.
Musiker: In Bad Oeynhausen?
Mann: Nein.
Musiker: Warte – du bist Lichttechniker! Du hast unsere Show in Eutin gefahren?
Mann: Auch nicht.
Musiker: Das kann doch nicht sein – woher kenn ich dich bloß?
Mann: Ich hatte mal eine eigene Comedy-Show. Bei ProSieben.

Kriminelle Elegie

Am Flughafen, zwei Männer stehen am Check-in.

Mann mit Sonnenbrille im Haar: Hast du deinen Nagellackentferner aus dem Handgepäck genommen?

Mann mit Golftasche: Na klar. Ich werde den Piloten auch nicht mit meiner Nagelschere angreifen und auch nicht mit meinem Deoroller bedrohen.

Sonnenbrille: Echt Wahnsinn, diese Vorschriften. Wenn ich Terrorist wär, würde ich eh kein Flugzeug entführen. Da kann man andere Sachen machen.

Golftasche: Was würdest du denn entführen? Den Hund von Barack Obama?

Sonnenbrille: Nee, ich würde Trinkwasser vergiften oder Gasleitungen hochjagen oder so. Oder wie in den alten Western 'ne Leine über die Straße binden und Fahrradfahrer aus dem Sattel hauen.

Golftasche: Das ist ja 'ne geile Idee.

Sonnenbrille: Und voll simpel. Und billig. Da gehste nachts los und ziehst einfach 'ne Angelschnur auf ein Meter fuffzig Höhe zwischen einem parkenden Auto und 'nem Baum fest. Und wenn der erste Radfahrer kommt – bumm, liegt er auf der Fresse.

Golftasche: Krasse Idee. Und voll retro, wie bei John Wayne.

Sonnenbrille: Das Fahrrad von heute ist das Pferd von gestern.

8. Familienmenschen:
Von Katharina Luther bis Mutter Beimer

*»Ich hab's erfahren: Weib und Kind
das höchste Gut auf Erden sind.«*   (Nikolaus Lenau)

»Hast du eine Mutter, dann hast du immer Butter.«
(Helge Schneider)

Zwei große Fragen beherrschen unser Leben: Wie finden wir den, der sich mit uns fortpflanzt? Und wie werden wir ihn wieder los? Manche warten mit der Scheidung, bis die Kinder tot sind. Oder lassen sich mit 90 scheiden – wegen unüberwindlicher gegenseitiger Abneigung. Bis dahin führen sie Dialoge, denen Loriot seinen Ruhm verdankt. Und sehen zusammen Lindenstraße. Die eintausendvierhundertachtzigste Folge.
Willkommen in der Familienhölle. Lieber verzichtet man auf das Hören von CDs, als sich von seiner Frau erklären zu lassen, wie ein CD-Player funktioniert. Für

die gesunde Ernährung der Kleinen isst man gerne nur noch staubtrockenes Müsli zum Frühstück anstelle von leckeren Franzbrötchen. Und bei allem, was die missratenen Teenager so treiben, kann man schon froh sein, wenn die Tochter am Ende zum Islam konvertiert.

Übrigens: Reisen Sie mal in ein islamisches Land. Und reden Sie mit den Leuten. »I have got two sons – and eleven daughters« ist da eine gängige Auskunft. Das können wir uns schon gar nicht mehr vorstellen. Aber ist das nicht das verlorene Paradies? Bei uns sind es ja meist nur noch drei: Die Hubschraubermami. Das Einzelkind. Und der Workaholic-Vater. So wird eine ganze Gesellschaft neurotisch.

Da hilft nur: Nachsicht mit sich selbst. Und immer viele Freunde einladen. Martin Luther pflegte mit einer Runde von mindestens fünfundzwanzig Gefährten zu speisen. Das war zwar jede Menge Arbeit für seine Katharina. Aber kein Inferno ist schlimmer als die Kleinstfamilie. Sie ist einfach zu klein. Und kommen Sie jetzt nicht mit der Heiligen Familie! Neueren Forschungen zufolge hatte Jesus mindestens vier Brüder und zwei Schwestern. Und lebte damit in der ersten offiziellen Patchworkfamilie. Denn die anderen waren ja von Josef!

Eingespielt

Stadttheater. Älterer Mann (etwa 70 Jahre alt) und sein Sohn (etwa 40 Jahre alt) während der Pause einer Abendaufführung.

Sohn: Und, wie fandest du jetzt Studio Braun?
Vater: Studio Braun?
Sohn: Na, die CD, die ich dir vor einem halben Jahr zum Geburtstag geschenkt habe.
Vater: Die liegt auf dem CD-Spieler. Aber du weißt ja, wie viel ich zu tun habe.
Sohn: Papa, nur den ersten Track. Hör dir wenigstens mal die erste Nummer an!
Vater: Ja, wenn ich wüsste, wie man diesen CD-Spieler bedient! Dieses verdammte Teil.
Sohn: Kann dir Mutti da nicht helfen?
Vater *(verdreht die Augen)*: Wenn ich die bitte, mir die CD einzulegen, hält sie mir einen stundenlangen Vortrag, wieso ich das nicht längst selber kann. Da frag ich sie gar nicht erst.
Sohn: Und was ist mit der Woody-Allen-DVD?
Vater: Das kann ich doch genauso wenig.
Sohn: Aber könnte Mutti dir das nicht einfach mal beibringen?
Vater *(lacht höhnisch)*: Glaubst du, ich lass mir von Mutti was *beibringen*?

Gesunde Freude

Freitagmorgen beim Bäcker. Bäckereiverkäuferin,
junger Mann.

Junger Mann: Hallo, guten Morgen. Ich möchte gern ein Franzbrötchen.

Verkäuferin: Guten Morgen, gerne. Ich hab Sie aber lange nicht gesehen, alles gut bei Ihnen?

Junger Mann: Ja, alles gut, alles prima.

Verkäuferin: Ach, das ist ja schön.

Junger Mann: Ja, wir haben doch jetzt eine kleine Tochter bekommen, und da ist jetzt alles etwas anders.

Verkäuferin: Ach, wie schön, ich gratuliere!

Junger Mann: Vielen Dank, das ist nett. Früher haben wir ja fast jeden Tag ein Franzbrötchen geholt – heute essen wir immer Müsli zu Hause.

Verkäuferin: Ja, so ändert sich alles, wenn man Kinder hat.

Junger Mann: O ja, das kann man wohl sagen.

Verkäuferin: Ach, ich freue mich ganz doll für Sie und Ihre Frau.

Junger Mann: Ja, wir freuen uns auch sehr. Obwohl ich die Franzbrötchen schon manchmal vermisse.

Verkäuferin:	Das kann ich verstehen, und wir vermissen Sie hier natürlich auch. Aber Müsli ist doch auch was Feines. Und dazu noch gesund.
Junger Mann:	Jaja, so ändert sich alles.
Verkäuferin:	Ach, das ist so schön. Ich freue mich so für Sie. Hauptsache gesund, das ist ja das Wichtigste.

Ruhigere Zeiten

Früher Morgen am Taxistand. Ein jüngerer und ein älterer Taxifahrer unterhalten sich.

Älterer Fahrer:	Na, Markus, heute wieder die große Thermoskanne dabei?
Jüngerer Fahrer:	Kaffee muss sein. Unsere Kleine will einfach nicht durchschlafen, letzte Nacht musste ich dreimal raus und ihr das Fläschchen geben und so. Voll der Horror!
Älterer Fahrer:	Wie gut, dass es Kaffee gibt.
Jüngerer Fahrer:	Na ja, gesund ist das auf Dauer auch nicht. Die Kleine wird nächsten Monat zwei Jahre alt, ich hoffe, dass sich

	das dann langsam alles beruhigt. Ist echt anstrengend mit so einem kleinen Kind.
Älterer Fahrer:	Wem sagst du das. Glaub man nicht, dass die Sorgen nachlassen, das wird eher immer schlimmer.
Jüngerer Fahrer:	Aber doch nicht das mit dem Durchschlafen!
Älterer Fahrer:	Meine Tochter ist fünfzehn, die hat sich letztes Jahr die Arme aufgeritzt, ständig Alkohol getrunken und macht seit zwei Jahren mit laufend wechselnden Jungs rum. Scheißkerle!
Jüngerer Fahrer:	Ach du Scheiße.
Älterer Fahrer:	Aber ich will dich nicht entmutigen. Irgendwann wird es echt einfacher. Sogar mit unserer Tochter. Sie ist jetzt mit einem Deutschtürken zusammen, ist im Winter zum Islam konvertiert, und seitdem kommt mal so langsam so etwas wie Ruhe bei uns auf.

Familienmenschen

Genau hingeschaut

Vater mit etwa sechsjährigem Sohn, ein blinder Mann.
Der Sohn ist sehr interessiert und stellt lauthals seine Fragen,
der Vater antwortet leise.

Sohn: Papa, warum hat der denn so einen komischen Stock?
Vater: Der Mann ist blind. Das ist ein Blindenstock, der ihm hilft, nicht zu fallen.
Sohn: Warum das denn?
Vater: Der Mann kann ja nicht sehen, ob etwas vor ihm steht. Mit dem Stock tastet er den Weg ab, so dass er nicht hinfällt.
Sohn: Aber der hat doch die Augen auf!
Vater: Auch mit offenen Augen kann man blind sein.

Parabel

Im Bus. Vater und Tochter (sie ist etwa sechs Jahre alt).

Tochter: Sag mal, Papa, die Mama ist doch die, mit der du immer so machst?
Sie steckt ihren rechten Zeigefinger rhythmisch in einen

Ring, den der Zeigefinger und der Daumen ihrer linken Hand bilden.

Vater: Was ... äh ... was meinst du ... woher hast du denn diese Bewegung?

Tochter: Das hab ich im Chor gelernt!

Vater: In deinem Kirchenchor?

Tochter: Ja, das war bei dem Lied *»Und der Regenwurm kriecht durch das Loch, Loch, Loch ...«* Aber die Chorleiterin hat gesagt, beim Konzert sollen wir die Bewegung lieber weglassen, sonst würde sich vielleicht jemand beschweren. Verstehst du das?

Aufklärung

Die Friseurin wird während des Haareschneidens von ihrer Kollegin kurz zum Telefon gerufen, telefoniert eine Weile und geht dann zu ihrem Kunden zurück.

Friseurin: Krass, das glaub ich ja jetzt nicht.

Kollegin: Was ist denn los, das war doch deine Mutter, oder was?

Friseurin: Klar, wie ist die denn drauf? Total aufgeregt. Heute Nachmittag fliegen meine Eltern nach

Ägypten, und meine Mutter ist total am Abdrehen.

Kollegin: Wieso das denn, hat sie Angst vorm Fliegen, oder was?

Friseurin: Nee, voll der Knaller. Mein kleiner Bruder hat doch eine Freundin und hat jetzt sturmfrei. Und was macht meine Mutter? Kauft ihm eine Packung Kondome und legt sie auf den Küchentisch. Wie krass ist das denn, bitte?

Kollegin: Deine Mutter hat ihm Kondome gekauft?

Friseurin: Ja, und er ist 15!

Kollegin: Und warum ruft sie dich jetzt hier im Laden an?

Friseurin: Meine Eltern sind schon auf dem Weg zum Flughafen, und sie hat ihm die Kondome einfach auf den Tisch gelegt. Die ist total durchgedreht, jetzt will sie, dass ich heute Abend zu meinem Bruder fahre und ihm was dazu erzähle.

Kollegin: Wie geil ist das denn bitte?

Friseurin: Das ist überhaupt nicht geil. Was soll ich denn jetzt meinem Bruder erzählen? Der ist 15, vielleicht will er auch noch gar nicht, und jetzt übt meine Mutter voll Druck auf ihn aus. So von wegen: Du hast eine Freundin, wir sind nicht da, hier sind die Kondome, viel Spaß! Und jetzt soll ich ihm zeigen, wie die Dinger funktionieren, oder was? Meine Eltern haben mir nie irgendwas erzählt.

Kollegin: Natürlich nicht! Glaubst du, meine Eltern haben mir was dazu erzählt? Ich hab mir das alles selbst beigebracht!

Understatement

In der Eisdiele. Vater (etwa 40 Jahre alt) mit seinem Sohn (etwa neun Jahre alt) und dessen gleichaltrigem Freund.

Freund: Mein kleiner Bruder hat es gut. Wenn er etwas in Mathe nicht weiß, fragt er meinen großen Bruder. Da ist der nämlich Klassenbester. Wenn er in Sachkunde unsicher ist, fragt er meine große Schwester. Da ist die Klassenbeste.

Vater: Und in Deutsch?

Freund: Da fragt er mich. Da bin ich der Klassenbeste.

Vater: Toll. Und in den übrigen Fächern?

Freund: Da muss er niemand fragen. Da ist er Klassenbester.

Geschwisterliebe

Auf dem Spielplatz. Mann (etwa 35 Jahre alt),
Junge (etwa acht Jahre alt).

Junge: Meine Schwester ist erst drei, die hat ein ganz kleines Gehirn.
Mann: Und wie alt bist du?
Junge: Acht. Meine Schwester heißt Jessica, die ist total dumm, die hat ein gaaaanz kleines Gehirn.
Mann: Na ja, sie ist ja auch noch jünger als du.
Junge: Ich kriege nächstes Jahr Sexkunde in der Schule.
Mann: Na, das klingt ja gut.
Junge: Meine Schwester geht noch nicht mal zur Schule.
Mann: Nee, klar, sie ist ja auch erst drei.
Junge: Wenn meine Schwester auf Klo geht, dann stinkt das voll eklig.
Mann: Hmm?
Junge *(lauter)*: Meine Schwester, wenn die auf Klo geht, dann stinkt das!
Mann: Ach so, ja, gut, dass ich das jetzt auch weiß.

Zweiklassenmedizin

Dreibettzimmer im Krankenhaus.
Patientin bei der Entlassung.

Arzt: Also, wie gesagt, Sie müssen sich keine Sorgen machen. Die Operation ist tadellos verlaufen. Überhaupt keine Komplikationen. Das Ganze wird in wenigen Wochen abgeheilt sein.

Patientin: Na, das freut mich ja zu hören.

Arzt: Ja, also dann, äh, Frau... Aber sagen Sie, Sie sind nicht zufällig irgendwie verwandt mit Professor Zacharias?

Patientin: Doch. Das ist mein Bruder.

Arzt: Unser Chefarzt? Prof. Dr. Wilhelm Zacharias?

Patientin: Klar. Mein großer Bruder Willi.

Arzt *(erbleicht)*: Aber... wieso haben Sie uns das nicht vorher gesagt?

Patientin: Äh... wieso?

Familienbande

Zwei junge Männer (etwa 20 Jahre alt), einer im Jogging-
anzug, einer im Blaumann.

Jogginganzug: Ey Digger, falsche S-Bahn, wir fahren
nicht nach Reeperbahn, wir fahren
nach Hauptbahnhof, Digger.

Blaumann: Ey, du siehst aus wie deine Mutter, Digger.

Jogginganzug: Ey Digger, echt, wir fahren zu deiner
Mutter.

Blaumann: Ey, du siehst aus wie dein Vater, Digger.

Jogginganzug: Ey Digger, lass uns aussteigen und
zurückfahren, wir fahren nicht nach
Reeperbahn.

Blaumann: Ey, Quatsch, wir fahren voll nach Reeperbahn, Digger.

Jogginganzug: Du siehst gleich aus wie deine Mutter,
Digger. Wir fahren voll nach Hauptbahn-
hof.

Blaumann: Ey Digger, hast du Angst vor deiner Mutter? Wir fahren nach Reeperbahn!

9. Fundamentalkritiker:
Von Marcel Reich-Ranicki bis Dieter Bohlen

*»Man soll die Kritiker nicht für Mörder halten. Sie stellen nur
den Totenschein aus.«   (Marcel Reich-Ranicki)*

*»Laut Statistik können 80 Prozent der Deutschen nicht
singen. Davon warst du 79 Prozent.«   (Dieter Bohlen)*

Was haben unser größter Literaturkritiker und der
DSDS-Chefjuror gemeinsam? Den Mut zum scharfen
Urteil. Eine seltene Tugend in Deutschland. Wer fällt
uns dazu noch ein? Friedman, Fleischhauer, Lafon-
taine. Dann wird die Luft schon dünn.
Wer jemals in der Schule oder Hochschule die Diskus-
sion nach einem tödlich langweiligen Referat erlebt
hat, der weiß: Wir Deutschen sind keine Freunde klarer Worte. Das Referat war miserabel. Aber niemand
spricht es aus. Dazu sind wir viel zu nett und höflich.
Man könnte aber auch sagen: ängstlich und feige.

Denn was ist Kritik? Die höchste Form der Loyalität. Wie sollen wir jemals etwas besser machen, wenn niemand uns sagt, was wir falsch machen?

Aber weil Kritik immer auch kränkt, kriegen wir es mit der Angst zu tun. Wir wollen keine Besserwisser sein. Und darum schlucken wir lieber, dulden und schweigen, nölen hinterm Rücken, jammern in uns hinein. Aber das ist nicht nur nutzlos, sondern auch unwürdig. Es macht zum Beispiel wenig Sinn, sich bei seiner Ehefrau über die Müllabfuhr zu beschweren. Oder über andere Fahrgäste. Sprechen Sie die Leute lieber direkt an. Sagen Sie dem Hundehalter ins Gesicht, wie unerträglich spießig sein Dackel sich aufführt. Und konfrontieren Sie den Vorschullehrer endlich mal damit, wie grausam seine sogenannten Seemannslieder sind. Das Ergebnis sind wirklich interessante Gespräche. Jedenfalls für die Unbeteiligten, die zuhören dürfen.

Eine Frage der Intelligenz

Morgens um halb acht vor einem Haus in Hamburg Rotherbaum. Ein Ehepaar (Mitte 30) steht vor einem Mehrfamilienhaus neben der Mülltonnenbox, in welcher sich drei Mülltonnen befinden. Der Mann hat eine volle Mülltüte in der Hand.

Er: Ich glaub das nicht – jetzt schau dir das mal an!

Sie: Was ist denn nun schon wieder?

Er: Die Mülltonnen stehen schon wieder falsch rum in der Box. Wie kann man nur so doof sein?

Sie: Komm jetzt, wir müssen los.

Er: Jetzt muss ich erst die ganze Tonne rausnehmen und umdrehen, damit ich den Scheißdeckel öffnen kann.

Sie: Soll ich dir helfen?

Er: Ich schaff das schon. Ist ja nicht schwierig. Aber ich versteh das nicht: Wie blöd muss man eigentlich sein, dass man als Müllmann zu doof ist, die Mülltonne richtig herum in die Box zu stellen?

Sie: So, komm jetzt.

Er: Nee, warte. Guck mal: Jetzt muss ich die Scheißmülltüte hier irgendwo in den Dreck stellen, um mit beiden Händen die Mülltonne hier rauszuziehen. Wehe, wenn jetzt die Mülltüte aufgeht. Ich hasse das!

Sie: Komm, gib mir die Tüte.

Er: Ich glaube, die wollen uns verarschen. Ich meine: So blöd kann man doch gar nicht sein. Ich sag's dir: Die machen das mit Absicht!

Sie: Vielleicht solltest du denen zu Weihnachten mal 20 Euro geben.

Er: Wofür das denn? Als Dank dafür, dass sie die Mülltonnen immer falsch rum reinstellen? Die lachen sich doch tot!

Sie: Okay, dann nicht. Komm jetzt und ärger dich nicht so.

Er: Ich ärgere mich doch gar nicht! Ich lass mir doch von den Scheißmüllleuten nicht die Stimmung versauen!

Nur keine Furcht

Fahrkartenkontrolle in der S-Bahn.

Kontrolleurin: Ihre Fahrkarte, bitte.

Fahrgast: Ich habe keine. Stattdessen habe ich hier schon mal meinen Perso für Sie. Wie viel bekommen Sie?

Kontrolleurin: Sie haben keine gültige Fahrkarte?

Fahrgast: So ist es, Sie brauchen es allerdings nicht zu wiederholen. Im Übrigen ist dies kein Grund, laut zu werden. Wie viel schulde ich Ihnen?

Kontrolleurin: Das nenn' ich dreist! Das wird Sie satte 60 Euro kosten!

Fahrgast: Ich habe Sie bereits einmal darum gebeten, in einem angemessenen Ton mit mir zu sprechen. Ich wiederhole hiermit diese Bitte und werde, sofern Sie sich nicht vernünftig benehmen, mir wohl oder übel Ihren Namen notieren und Beschwerde einreichen müssen!

Kostenlos unglücklich

Nachmittags am autofreien Sonntag. Älteres Ehepaar im Bus.

Er: Jetzt guck dir mal an, wie voll das ist.

Sie: Wenn alle Leute Bus fahren, bleibt uns kaum noch Platz.

Er: Das sind alles Schmarotzer hier. Oder fast alles.

Sie: Wie meinst du das denn?

Er: Na, die fahren doch alle kostenlos. Weil heute autofreier Sonntag ist.

Sie: Und was hat das mit Schmarotzen zu tun? Wir fahren doch auch mit dem Bus.

Er: Wir fahren immer mit dem Bus, das ist was anderes. Außerdem haben wir eine Jahreskarte; die Leute hier fahren alle umsonst!
Sie: Ist doch schön, wenn die Leute am autofreien Sonntag den Wagen stehenlassen.
Er: Eigentlich müsste man uns das Geld von unserer Jahreskarte erstatten. Wir sind wahrscheinlich die einzigen Idioten hier, die ein Ticket haben, obwohl der Bus heute umsonst ist!

Vorurteil

*Zwei Männer (etwa 40 Jahre alt) und ein Hund
stehen an einer Hundewiese.*

Mann ohne Leine: Jetzt guck dir mal euren Hund an. Steht da und wackelt mit dem Schwanz, anstatt mit den anderen Hunden zu spielen.
Mann mit Leine: Ja, die Kleine haben wir gut erzogen. Die Hundeschule hat sich gelohnt! Sie läuft erst auf die Wiese, wenn wir ihr das Zeichen dafür geben.
Ohne Leine: Ey, euer Hund ist voll der Spießer.
Mit Leine: Was ist denn daran spießig?
Ohne Leine: Nee, ist schon okay.

Mit Leine:	Moment mal, das musst du mir jetzt schon erklären. Wieso bin ich spießig, nur weil ich meinen Hund ordentlich erzogen habe?
Ohne Leine:	Ich hab ja gar nicht dich gemeint. Ich hab Daisy gemeint.
Mit Leine:	Versteh ich nicht.
Ohne Leine:	Jetzt guck dir doch mal an, wie sie hier sitzt und wartet, dass du sie endlich loslässt. Das würde ich mir an ihrer Stelle nicht vorschreiben lassen.
Mit Leine:	Du bist ja auch nicht mein Hund. Hunde können gar nicht spießig sein, die sind entweder erzogen oder eben auch nicht.
Ohne Leine:	Also, ich find Daisy ganz schön spießig. Nicht dass das schlimm wäre oder so, aber jetzt guck sie dir doch mal aus neutraler Perspektive an. Allein das Halsband!

Zumutung

Vorschulelternabend. Mehrere Eltern sitzen im Kreis und tauschen sich aus.

Erste Mutter: Also, das ist wirklich ein Problem, Va-

nessa kann gar nicht mehr schlafen ...
hat solche Alpträume!

Zweite Mutter: Geht meiner Kleinen genauso. Wie kann man nur solche Sachen in der Vorschule singen lassen?

Dritte Mutter: Ich habe da auch sehr wenig Verständnis für Herrn Dick. Sophie-Carlotta kam nachts weinend zu mir.

Zweite Mutter: Ich finde, Herr Dick könnte wenigstens den Kindern erklären, dass es heutzutage diese Dinge gar nicht mehr gibt.

Vierte Mutter: Und gibt es nicht genügend unproblematische Lieder? *Onkel Pit hat einen Bauernhof* zum Beispiel? Oder *Ich bin anders als du*?

Erste Mutter: Ich habe sowieso den Eindruck, dass im Grunde nur die Jungs dieses Lied mögen.

Herr Dick: Wir singen Lieder für Mädchen und Lieder für Jungs.

Zweite Mutter: Aber wie können Sie das auch noch verteidigen? Dass Sie ein so grausames Lied singen lassen wie *Wir lagen vor Madagaskar*?

Gegenseitige Belästigung

S-Bahn in Hamburg. Zwei Männer sitzen sich gegenüber, sie scheinen sich nicht zu kennen. Bei einem der beiden klingelt das Mobiltelefon.

Erster Mann: Hey, Keule, wo steckst du, mein Bester?
(Hört, was am anderen Ende der Leitung gesagt wird.)
Ich auch! Bin gerade in der S-Bahn auf dem Weg nach Barmbek!
(Hört, was am anderen Ende der Leitung gesagt wird.)
Sehe ich auch so! Wollen wir nachher noch einen rocken gehen?

Zweiter Mann: Das ist ja hochinteressant.

Erster Mann: Ey, warte mal kurz, hier will einer was.
(Jetzt an den zweiten Mann gewandt:) Was meinen Sie?

Zweiter Mann: Ich sagte, dass es hochinteressant sei, dass Sie nachher noch einen rocken gehen wollen.

Erster Mann: Was geht Sie das denn an?

Zweiter Mann: Das frag ich mich auch.

Erster Mann: Ey Mann, was soll der Scheiß, sehen Sie nicht, dass ich telefoniere?

Zweiter Mann: Doch, doch. Das ist mir durchaus aufgefallen.

Erster Mann *(wieder am Telefon):* So, bin wieder da. Hier will mich nur einer zulabern. Also, was geht, gehen wir nachher noch einen rocken?

Verdi al Pesto

Ein Ehepaar (beide etwa 45 Jahre alt) betritt das Opernfoyer 20 Minuten vor Vorstellungsbeginn.

Sie: Komm, wir geben schnell unsere Jacken ab, und dann können wir noch einen Prosecco trinken, bevor die Vorstellung beginnt.
Er läuft ihr hinterher.
Er: Schatz! Schatz, hör mal, ich glaub, ich riech was ...
Sie *(dreht sich zu ihm um):* Wo bleibst du denn?
Er: Du, das riecht hier nach Essen.
Sie: Das wird wohl schon das Essen für die Pause sein. Wird bestimmt lecker!
Er: Moment mal. Du hast gesagt, dass wir in die Oper, gehen, von Essen war da nicht die Rede.
Sie: Italienischer Abend, Schatz. Vorweg einen Prosecco, dann die schönsten Arien der italienischen Oper, und in der Pause gibt's Pasta satt.
Er *(aufgebracht):* Das ist ja widerlich! Ich geh doch nicht in die Oper zum Essen!

Sie *(wird ebenfalls wütend)*: Du gehst überhaupt nie in die Oper mit mir.

Er: Ich würde ja in die Oper gehen, wenn es dort was Vernünftiges gäbe. Aber das hier ist ja Essen mit musikalischer Begleitung. Armes Deutschland!

Emanzipation

Im Flugzeug. Die Passagiere haben sich gesetzt und bereiten sich auf den Abflug vor. Aus dem Lautsprecher meldet sich eine Frauenstimme:

»Ladies and Gentlemen, this is your captain speaking ...«

Zwei nebeneinandersitzende Passagiere (er etwa 35, sie etwa 50 Jahre alt) schauen sich fragend an.

Passagierin: Huch. Das ist aber ungewöhnlich.

Passagier: Wird schon gutgehen. Die wird schon wissen, was sie tut.

Passagierin: Es gibt ja auch Busfahrerinnen, und die bauen ja auch nicht jeden Tag einen Unfall.

Passagier: Ich kann da gar nichts zu sagen. Das klänge sonst alles nach Vorurteilen und Machogehabe.

Die Passagierin schaut ihn fragend an.

Passagier: Ich find's gut, dass Frauen fliegen dürfen. Ehrlich.

Passagierin: Ach, hören Sie auf, ich hab doch Ihren Blick gesehen, als die Lautsprecheransage losging. Sie haben doch die Hose genauso voll wie ich!

Passagier: Ich hab doch keine Angst, nur weil eine Frau unser Flugzeug fliegt. Die hat ja bestimmt einen Flugschein und soundso viel Flugstunden und so. Die wird schon wissen, wie man mit so einer Maschine umgeht.

Passagierin: Dann haben Sie Angst vor der Frau selbst und vor der Tatsache, dass sie ein Flugzeug fliegen kann. Starke Frauen wirken oft furchteinflößend auf Männer, das ist ja bekannt. Aber machen Sie sich keine Sorgen, wir werden schon gut ankommen, ich bin ja bei Ihnen.

Edukative Grauzonen

Im Wartezimmer beim Arzt. Ein Vater schaut sich mit seinem kleinen Sohn ein Buch an und zeigt auf die Bilder.

Vater: Und was für ein Tier ist das?

Sohn: Wauwau.

Vater: So macht das Tier, das stimmt. Aber wie heißt das Tier?

Sohn: Gagaga.

Vater: Hmm, meine Frage war nicht präzise gestellt. Es kann schon sein, dass das Tier Gagaga heißt. Wäre zwar ein ungewöhnlicher Name, aber nicht undenkbar. Was ich meinte, war: Was für ein Tier ist das?

Sohn: Wauwau!

Vater: Richtig, das Tier macht wauwau. Also ist es – ein Hund. Der Hund macht wauwau. Und was für ein Tier ist das hier?

Sohn: Brrrrummm.

Vater: Das ist doch kein Auto. Das ist ein Zebra. Das erkennt man an den schwarzen und weißen Streifen.

Sohn: Brrrrrummmm-bruummmmm.

Vater: Beziehungsweise an den schwarzen oder weißen Streifen. Das Zebra könnte ja schwarz sein und weiße Streifen haben. Oder es ist weiß und hat schwarze Streifen. Gar nicht so einfach mit den Tieren, gar nicht so einfach.

10. Sinnsucher:
Von Friedrich Nietzsche bis Hape Kerkeling

»So viel ich das Leben auch betrachte, ich kann keinen Sinn hineinbringen.«   (Sören Kierkegaard)

»Ob man an Nummer zwei oder an fünf steht, ist ganz egal. Es geht darum, die Nummer eins zu sein.«   (Boris Becker)

Wozu sind wir auf der Welt? Was sollen wir mit unserem Leben anfangen? Genauer gesagt, mit den dreißig Jahren, die uns noch bleiben, ehe die Demenz einsetzt und wir anfangen, Golf zu spielen? Damit hadern wir seit Doktor Faustus.

Die Zeugen Jehovas haben es gut. Für sie ist die Sache klar: Wir sollen so leben, dass wir vorm Jüngsten Gericht nicht in die ewige Verdammnis geschickt werden. Und während unserer Zeit auf Erden möglichst viele Menschen davor warnen. Leider glauben nur noch 11 % der Deutschen an Himmel und Hölle.

Und davon sind auch noch über die Hälfte Muslime.

Wir anderen sind ratlos. Denn die Zahl der Möglichkeiten wächst schneller als die Schulden der EZB. Gut, es hat Spaß gemacht, heute auf der Alster zu segeln. Aber kann es das gewesen sein? »Ich will Spaß, ich will Spaß«, sang Markus in den 80ern. Aber klang das nicht eher wie ein verzweifeltes Krähen als nach der Verheißung eines erfüllten, sinnvollen Lebens?

30.000 Markenkontakte haben wir pro Tag. Und ebenso viele Lebensentwürfe zur Auswahl. Zusammen mit unserer Neigung zum Grübeln ergibt das eine lebenslange Sinnsuche, die sich auf alles erstrecken kann: Ampelschaltungen, Kartoffelquittungen und Jutebeutel. Dabei kann das Leben eigentlich gar keinen Sinn haben. Nur das Wort.

Vielleicht sollten wir lieber von den Russen lernen. Zarenherrschaft, Bolschewiki und Putinokratie – sie hatten's wirklich nicht leicht. Und wie lautet die russische Lebensweisheit? »Wer eine gute Frau und eine ordentliche Kohlsuppe hat, sollte nicht nach anderen Dingen suchen.« Darauf einen Wodka Gorbatschow!

Popmusik

Zwei Männer (etwa 35 Jahre alt) sitzen auf einem Bootssteg und trinken Bier. Beide tragen kurze Hosen und Polohemden. Einer ist barfuß, der andere trägt Bootsschuhe.

Barfüßiger: Nein, im Ernst, was ist Leben eigentlich? Ich meine, was soll das alles?
Bootsschuhträger: Das hatten wir doch schon.
Barfüßiger: Ja, klar, aber nicht so. Ich meine: Geht es wirklich nur ums Fressen, Scheißen, Vögeln? Oder ist da noch mehr? Ich mein: Wie definierst du Leben? Da geht's doch nur um Grundumsatz. Aber da muss doch noch mehr sein. Komm mir jetzt nicht mit 'nem Porsche oder Fußball oder so was.
Bootsschuhträger: Hmm, Drogen vielleicht noch.
Barfüßiger: Ach Scheiße, ich meine es ernst! Bei Hasen geht's auch nur ums Fressen, Kacken und Poppen. Wir sind doch keine Hasen!
Bootsschuhträger: Hmm. Kunst?
Barfüßiger: Wie, Kunst?
Bootsschuhträger: Na, Kunst halt. Bücher, Musik, Bilder und so.
Barfüßiger: Ja, vielleicht hast du recht. Kunst. Kann ich zwar nicht viel mit anfangen, aber Hasen malen keine Bilder.

Bootsschuhträger: Oder komponieren Opern.

Barfüßiger: Ich frage mich, ob es den Künstlern um was Höheres geht. Weißt du?

Bootsschuhträger: Wie jetzt?

Barfüßiger: Oder ob das deren Masche ist, an die Weiber ranzukommen. Ich sag' nur: Mozart. Dem ging's doch auch nur ums Poppen.

Von nichts kommt nichts

Im Taxi.

Fahrgast: Mann, haben wir Glück, wir mussten noch an keiner Ampel halten.

Taxifahrer: Glück? Ich weiß genau, wann welche Ampel rot wird. Jetzt müssen wir 55 fahren, dann kommen wir über die Grindelallee gerade rüber. Im Lehmweg reichen dann 45, um die Ampel Eppendorfer Baum zu schaffen.

Fahrgast: Ach ja? So genau kann man das kalkulieren?

Taxifahrer: Klar. Ab morgens um sechs ändert sich das natürlich komplett. Wenn du da auf der Grindel nicht 65 fährst, kriegst du schon an der Rentzel Rot.

Fahrgast: Aber vorhin, Winterhuder Marktplatz, da sprang es doch schon auf Gelb um.
Taxifahrer: Ja, weil wir auf der Sierichstraße etwas zu langsam waren. 50. Hätten aber 55 sein müssen. Wir haben geschwächelt.
Der Taxifahrer presst seine Lippen zusammen und starrt geradeaus.
Fahrgast: Aber das ist doch nicht schlimm ...
Taxifahrer: Wir haben geschwächelt. MAN DARF NICHT SCHWÄCHELN!

Kaugummitaktik

An der Supermarktkasse. Kunde (junger Mann), Kassiererin.

Kassiererin: Nur die Kaugummis?
Junger Mann: Nein, auch den Sack Kartoffeln.
Kassiererin: Alles?
Junger Mann: Ja, das ist alles. Einmal die Hubba-Bubbas und dazu die Kartoffeln.
Kassiererin: 3,29 Euro. Brauchen Sie den Bon?
Junger Mann: Ja, bitte. Ich sammle solche herausragenden Kassenzettel für meine Homepage.
Die Kassiererin guckt irritiert.

Junger Mann: Für mein Projekt »Verwisch die Spuren«.

Kassiererin: Okay.

Junger Mann: Wenn Sie mich jetzt nicht kennen würden, also jetzt vom Einkaufen, meine ich, und dann nur den Bon sehen würden mit Hubba-Bubba »Apfel« und einem Sack festkochender Kartoffeln, was würden Sie dann wohl denken?

Die Kassiererin guckt fragend.

Junger Mann: Genau! Und noch toller: Mit solchen Einkäufen mache ich Ihr Einzelhandelscomputersystem fertig. Sie wissen schon: Was kaufen die Leute so ein, Bier und Chips, Nudeln und Soße, das werten Ihre Datenspione doch alles aus und stellen die Sachen dann nebeneinander ins Regal und so, damit man das immer gleich alles zusammen kauft und mehr Geld ausgibt.

Kassiererin: Also, ich weiß nicht, wer macht denn so was?

Junger Mann: Na, die Konzerne. Die werten doch alles aus. Wir sind doch alle gläsern; Ihr Handy verrät, wo Sie sich gerade aufhalten, Ihre Einkäufe mit EC- oder Kreditkarte werden auch alle ausgewertet, Google fotografiert in Ihr Wohnzimmer.

Kassiererin: Wer fotografiert in meinem Wohnzimmer?
Junger Mann: Na, Google! Deshalb habe ich mein Projekt gestartet. »Verwisch die Spuren«. Ich zahle nur noch in bar und stelle meine Einkäufe bizarr zusammen. Machen Sie am besten mit, damit die da oben uns nicht kriegen. Verwischen Sie die Spuren, es geht um unsere Freiheit!

Klare Vorstellung

Supermarkt am Universitätscampus. Zwei Studentinnen, eine eher Typ sportlich, die andere eher intellektuell.

Intellektuelle Studentin: So, du suchst also eine Wohnung oder ein Zimmer hier in der Nähe.
Sportliche Studentin: Ja, möglichst nahe der Uni. Ariane sagte, ihr würdet eine neue Mitbewohnerin suchen.
Intellektuelle Studentin: Das stimmt. Die Person sollte weiblich sein und muss natürlich zu uns passen. Vom Typ her, meine ich. Ich bin da eigentlich recht flexibel, aber meine Mitbewohnerin achtet sehr darauf, dass die Neue auch von der Lebenseinstellung zu uns passt.

Sportliche Studentin: Verstehe.

Intellektuelle Studentin: Also, wie gesagt, ich bin flexibel. Aber meine Mitbewohnerin achtet auch auf die Weltanschauung unseres neuen WG-Mitgliedes. So vom grundsätzlichen Wertesystem her, verstehst du?

Sportliche Studentin: Klar, klingt logisch.

Intellektuelle Studentin: Heike sagt immer, dass man das, was man mit dem Arsch isst, oben auch wieder rauskotzen können muss, weißt du.

Sportliche Studentin: Ok.

Intellektuelle Studentin: Das Finanzielle ist natürlich auch so ein Thema. Wegen der Miete, meine ich jetzt. Aber natürlich auch vom Ethisch-Moralischen her. Was machst du zum Geldverdienen?

Sportliche Studentin: Ich bin Fahrrad-Kurierin.

Intellektuelle Studentin: Das passt doch perfekt!

Schwer einzutüten

Im Elektrofachmarkt an der Kasse.
Kunde mit Kaffeemaschine, Kassiererin.

Kassiererin: Möchten Sie eine Tüte oder geht das so mit?
Kunde: Muss ja.
Kassiererin: Ja, das stimmt. Möchten Sie eine Tüte oder geht das so?
Kunde: Tüten soll man ja heute nicht mehr nehmen. Wegen der Umwelt. Die sind ja alle aus Öl gemacht. Deswegen werde ich da heute drauf verzichten, wissen Sie. Sonst bekomme ich zu Hause Ärger mit meiner Frau. Die schimpft immer, wenn ich so viel Verpackungszeug anschleppe.
Kassiererin: Das finde ich vorbildlich. Viel Spaß mit Ihrer neuen Kaffeemaschine.
Kunde: Vielen Dank. Obwohl eine Tüte ja gar nicht so richtig zur Verpackung gehört; ist ja eher eine Tragehilfe. Und vor allem ist sie ein guter Sichtschutz. Damit nicht alle sehen, was ich gekauft habe. Geht ja keinen was an, finden Sie nicht?
Die Kassiererin guckt fragend.
Kunde: Meine Frau benutzt immer diese Baum-

wolltaschen. Aber die finde ich so schmud-
delig, wissen Sie, die reinsten Viren-Mut-
terschiffe.

Kassiererin: Hmmm.

Kunde: Ich mach' das heute mal ganz ohne Tüte.
Das ist das Beste für die Umwelt. Auch
wenn die Leute dann natürlich alle sehen
können, was ich gekauft habe. Aber gut,
jeder muss Opfer bringen! Wir haben die
Erde ja nicht geerbt, sondern nur geliehen, sage ich immer. Nur geliehen.

Faszinierend irritierend

In der Schlange vor einem Eisstand; zwei Frauen
(etwa 35 Jahre alt), Typ »Studentin im Zweitstudium«.

Erste Frau: Weißt du, was ich Krasses am Wochen-
ende erlebt habe? Ich war mit einem
Freund an der Ostsee, und auf dem Weg
dahin haben wir Musik gehört. Er hat gerade seine, wie er sagt, »Grunge-Revival«-
Phase und hatte Nirvana eingelegt.

Zweite Frau: Ach, das ist ja süß. Und danach bestimmt Pearl Jam.

Erste Frau: Nee, pass auf. Da läuft also Nirvana, man kennt die Songs ja alle, und ich bin total irritiert. Und weißt du, warum?
Zweite Frau: Na?
Erste Frau: Er hatte die Songs in der entgegengesetzten Reihenfolge auf CD gebrannt. Also das erste Lied war nicht »Smells like teen spirit«, sondern irgendwas Langsameres und Ruhiges. Und danach kam dann »On a plain«, oder wie der Song heißt.
Zweite Frau: Verstehe.
Erste Frau: Und das Geile ist: Man hört das alles ganz anders. Weißt du? Man weiß doch bei seinen CDs immer schon, wenn ein Lied zu Ende ist, welches das nächste ist. Wenn die Reihenfolge dann anders ist, ist das total irritierend.
Zweite Frau: Wie geil ist das denn bitte?
Erste Frau: Eben! Das ist voll schräg, du hörst die Lieder plötzlich ganz anders und bist am Ende eines Liedes schon total gespannt, wie es weitergeht!
Zweite Frau: Total geile Idee. Da muss man erst mal drauf kommen.

Lebenserfahrung

Zwei männliche Segler stehen am Ostseestrand neben ihrem Boot, einer jung, einer älter.

Junger Segler: Jetzt hab ich aber ganz schön lange Arme bekommen, war doch ganz ordentlich Wind da draußen.

Älterer Segler: Ach, nun stell dich mal nicht so an. In deinem Alter bin ich bei so einem Wetter tagelang gesegelt. Und das ohne Handschuhe.

Junger Segler: Ach, daher kommen die Schwielen an deinen Händen, ich hatte mich schon gewundert.

Älterer Segler: Er nun wieder. Denkt immer nur an das eine.

Junger Segler: Ey, hör auf, bei mir geht heute Abend gar nichts mehr. Mir tut jetzt schon alles weh.

Älterer Segler: Na, dann trinkst du einfach mal ein schönes Bier und genießt den Sonnenuntergang. Vögeln ist sowieso nicht alles.

Junger Segler: Ach was.

Älterer Segler: Eben. Aber das verstehst du noch nicht. Komm erst mal in mein Alter, dann wirst du dich noch umgucken.

Junger Segler: Umgucken ist gut. Sind hier irgendwo Bräute am Start?
Älterer Segler: Genau das meine ich. Es geht nicht immer nur um die Frauen.
Junger Segler: Jetzt bin ich aber mal gespannt.
Älterer Segler: Ach, halt doch die Backen.
Junger Segler: Nee, erzähl mal. Oder gehen wir noch mal raus?
Älterer Segler: Wenn du noch kannst. Oder hast du zu viel Aua an den Armen?
Junger Segler: Guck mich an, alles Muskeln und Samenstränge.
Älterer Segler: Jaja, meine Oma fährt im Hühnerstall Motorrad.

Ideale

Etwa 14 Uhr in der S-Bahn. Vater (etwa 45 Jahre alt) und Sohn (etwa zehn Jahre alt).

Sohn: Papa, ich muss heute dringend unsere Direktorin Frau Huth was fragen.
Vater: Was denn, mein Süßer?
Sohn: Wie viel die Aula kostet. Oder ob ich sie umsonst kriege.

Vater: Wofür willst du denn die Aula haben?

Sohn: Ich mach's nur, wenn ich sie umsonst kriege.

Vater: Was denn bloß?

Sohn: Ich mache ein Theaterstück. Gegen Raucher. Und gegen Umweltverpestung und Kriege.

Vater: O Gott, wie kommst du denn darauf?

Sohn: Das ist ganz wichtig, Papa. Extrem wichtig!

Vater: Stimmt.

Sohn: Aber nur, wenn ich sie umsonst kriege. Ich frag sie heute.

Nützliche Bewerbung

Künstler im Büro des Veranstalters.

Künstler: Oh, ist das ... Das ist ja das Bewerbungsvideo vom Stefan!

Veranstalter: Von wem?

Künstler: Vom Stefan Waggersheim. Ein Freund von mir. Ein ganz tolles Programm. Schon angeschaut?

Veranstalter: Das liegt da schon länger.

Künstler: Und?

Veranstalter: Na ja – wir benutzen es als Fensterstopper.

Man nannte ihn Latte

In der Büroküche.
Ein Mann schäumt Milch an der Espressomaschine auf,
ein anderer kommt hinzu.

Zweiter Mann: Oha, das klingt ja schlimmer als beim Zahnarzt!
Aufschäumer: Wird heute besonders guter Milchschaum. Habe die Milch mit 3,8 % Fettgehalt genommen.
Zweiter Mann: Na, wenn Sie meinen. Ist das nicht alles ein bisschen aufwendig?
Aufschäumer: Ja, aber es ist auch jede Mühe wert. Ich möchte schließlich, dass sich die Nachwelt später mal an mich erinnert, als denjenigen, der den leckersten Latte macchiato aufzuschäumen wusste.
Zweiter Mann: Ist das Ziel nicht ein wenig niedrig gesteckt?
Aufschäumer: Finde ich nicht. Wenn man bedenkt, wie viele Negativassoziationen so kursieren. »Das ist der, der seine Doktorarbeit gefälscht hat.« »Das ist die, die sich hochgeschlafen hat.« »Das ist der, der einen Minderjährigen verführt hat.« Und so weiter.

Zweiter Mann: Und was hat das jetzt mit Ihrem Milch-
kaffee zu tun?

Aufschäumer: Alles! Wer nach seinem Ableben mit
gutem Milchschaum assoziiert wird,
hat in seinem Leben nicht viel falsch
gemacht.

11. Debattiermeister:
Von Schopenhauer bis Christian Wulff

»Die fast unlösbare Aufgabe besteht darin, weder von der Macht der anderen, noch von der eigenen Ohnmacht sich dumm machen zu lassen.« *(Theodor W. Adorno)*

»Es gibt auch Menschenrechte selbst für Bundespräsidenten.« *(Christian Wulff)*

Es mag unsympathisch sein, dass wir uns so sehr nach Vorschriften richten. Und es mag skurril sein, dass wir in jedem Pflaumenkuchen den Sinn des Lebens suchen. Entschieden sympathisch ist es jedoch, dass wir auf Logik beharren, auf korrekten Schlussfolgerungen und stichhaltigen Begründungen. Nicht umsonst stand ein Buch über Denkfehler bei uns über Wochen an der Spitze der Bestsellerliste.

Die Logik zu verteidigen, auch gegen eine Übermacht von Dummheit, hat immer etwas von Don Quijotes

Kampf gegen die Windmühlen: irgendwie rührend – und irgendwie sinnlos. Dass die Förmchen, mit denen unsere Kleinen spielen, keine Dreiecke und Vierecke sind, sondern Tetraeder und Quader, mag ja stimmen. Aber niemand will es wissen. Genauso wenig wird jemals ein Apple-Jünger die Tatsache akzeptieren, dass auch sein Mac nur ein PC ist. Aber wenn es um Logik geht, spielen Gefühle nun mal keine Rolle. Die Wahrheit ist dafür da, ausgesprochen zu werden.

Und da sind wir wieder bei Luther: »Hier stehe ich, ich kann nicht anders.« Hätte er die Sinnlosigkeit des Ablasshandels nicht zwingend logisch dargelegt – ein ganzer 30-jähriger Krieg wäre uns erspart geblieben. Oder Karl Liebknecht. Als einziger deutscher Abgeordneter lehnte er 1914 die Kriegskredite ab. Und durfte die nächsten vier Jahre im Gefängnis verbringen. Geändert hat es nichts. Trotzdem ist es irgendwie tröstlich, dass es damals wenigstens einen Deutschen gab, der noch klar denken konnte.

Einen Hauch von Tragik bekommt das Ganze, wenn jemand eigentlich logisch denkt, aber von falschen Prämissen ausgeht. Dann gleiten Parallelwelten sachte aneinander vorbei. Auf einem MP3-Player kann man nun mal keine Schallplatte abspielen. Und mit einem Tennisschläger kann man kein Tischtennis spielen. Schade eigentlich.

Falsche Angabe

Auf dem Spielplatz.
Zwei junge Männer spielen Tischtennis. Ein Junge
(etwa sieben Jahre alt) spricht sie an.

Junge: Darf ich auch mal Tennis spielen?
Erster Mann: Wir spielen Tischtennis.
Pause.
Junge: Ich habe auch einen Tennisschläger zu Hause.
Zweiter Mann: Wieso sagst du »auch«?
Junge: Mein Vater hat auch einen Tennisschläger zu Hause.
Zweiter Mann: Ach so.
Pause.
Junge: Darf ich auch mal Tennis spielen?
Erster Mann: Ja klar, aber wir spielen ja Tischtennis.
Zweiter Mann: Wieso sagst du »aber«, das ist doch kein Widerspruch.
Erster Mann: Na ja, er denkt doch, dass wir hier Tennis spielen.
Zweiter Mann: Das weißt du doch gar nicht. Vielleicht möchte er einfach irgendwo und irgendwann mal Tennis spielen. Oder?
Erster Mann: Vielleicht. Aber warum fragt er dann uns, ob er auch mal Tennis spielen

156   Deutsche Dialoge

darf? Wir können ihm das ja weder er-
lauben noch verbieten!

Zweiter Mann: Da hast du recht. Aber das weiß er ja
vielleicht nicht.

Pause.

Junge: Ich habe zu Hause auch einen Tennisschläger.

Entweder – oder

Zwei Männer (etwa 35 Jahre alt) im Speisewagen des ICE,
einer im Anzug, einer im Freizeit-Look.

Mann im Anzug: Du, du musst bei Gelegenheit mal
wieder bei mir vorbeischauen, mein PC läuft
irgendwie nur auf halber Kraft. Keine Ahnung,
was da schon wieder los ist.

Mann im Freizeit-Look: Klar, dass ich da wieder helfen
muss. Mensch, kauf dir doch mal 'nen Mac.
Die machen nie Probleme.

Mann im Anzug: Was soll ich denn mit 'nem Mac?
Erstens sind mir die viel zu teuer, und zwei-
tens will ich auf keinen Fall zu diesen Mac-
User-Leuten gehören. Halten sich alle für was
Besseres.

Mann im Freizeit-Look: Wie kommst du denn darauf?
Mann im Anzug: Das fängt schon bei dieser blödsinnigen Unterscheidung an: Mac oder PC. Als ob der Mac kein PC wäre.
Mann im Freizeit-Look: Na ja, ein PC ist ein PC und ein Mac ist halt ein Mac.
Mann im Anzug: Ein Mac ist also kein PC?
Mann im Freizeit-Look: Nein.
Mann im Anzug: Und ein BMW ist kein Auto?
Mann im Freizeit-Look: Hä?
Mann im Anzug: Ein Mac ist genauso ein PC wie jeder andere Computer auch. PC heißt Personal Computer, und nichts anderes ist ein Mac. Nur dass die Mac-Besitzer sich alle für was Besseres halten und immer sagen: »Nein, ich habe keinen PC, ich habe einen Mac.«
Mann im Freizeit-Look: Stimmt ja auch.
Mann im Anzug: Nee, stimmt eben nicht. Das wäre so, als wenn man fragt: »Na, bist du mit dem Auto hier?« Und die Antwort bekommt: »Nein, ich bin mit dem BMW hier.« Verstehst du?
Mann im Freizeit-Look: Nicht so ganz.
Mann im Anzug: Peilst du den BMW-Vergleich nicht, oder was?
Mann im Freizeit-Look: Doch. Aber Apple würde ich eher mit Mercedes vergleichen!

Die Tricks der Teenies

An der Theaterkasse.
Zwei Frauen unterhalten sich.

1. Frau: Also, die Caroline versucht ja ständig, mir mehr Taschengeld aus den Rippen zu leiern. Unglaublich, was die da für Tricks draufhat!
2. Frau: Was denn zum Beispiel?
1. Frau: Also, erst mal wie bei der Gewerkschaft: »Mama, du hast das Taschengeld jetzt schon vier Jahre nicht erhöht.«
2. Frau: Hast du nicht?
1. Frau: Natürlich nicht. Dann bekommen angeblich alle anderen Mädchen in ihrer Klasse VIEL mehr.
2. Frau: Den Trick kenn ich.
1. Frau: Aber jetzt pass auf: Die Mutter ihrer Freundin hat jetzt angefangen zu arbeiten. Und deshalb kriegt die Freundin jetzt mehr Taschengeld. Da sagt Caro: »Mama, du arbeitest doch jetzt auch wieder! Kann ich da nicht auch mehr kriegen?«
2. Frau: Ganz schön raffiniert.
1. Frau: Aber wirklich. Neulich kam sie an und wollte zusätzlich zum Taschengeld KINOGELD haben. Hast du so was schon mal gehört?

| 2. Frau: | Wie viel kriegt sie denn eigentlich? |

2. Frau: Wie viel kriegt sie denn eigentlich?
1. Frau: Na, zehn Euro.
2. Frau: Hmm, das macht 40 Euro im Monat, das müsste ja eigentlich reichen.
1. Frau: Wo denkst du hin? Zehn Euro im Monat natürlich.
2. Frau *(denkt nach)*: Im Monat… Aber du weißt schon, dass allein ein Latte bei Starbucks vier Euro kostet?
1. Frau: Ja, aber Caro ist sechzehn. Da braucht sie ja nicht zu STARBUCKS, oder?

Wahre Werte

Auf dem Flohmarkt. Junge (etwa zwölf Jahre alt),
Verkäufer (etwa 60 Jahre alt).

Junge: Wie teuer ist diese Schallplatte?
Mann: Die kommt elf Euro.
Junge: Kann ich die auch für neun bekommen?
Mann: Na, du bist ja gut unterwegs. Was sagst du zu zehn Euro?
Junge: Ich kann leider nur neun Euro bezahlen.
Mann: Aber du hast da doch einen Zehneuroschein in der Hand.

Junge: Ja, ich möchte mir aber gleich noch einen Crêpe kaufen.

Mann: Tja, da musst du dich wohl entscheiden: Crêpe oder die Rolling Stones.

Junge: Wenn ich die Platte für neun Euro bekomme, kann ich mir beides kaufen.

Mann: Aber Junge, das hier sind die Rolling Stones! Die Platte ist aus den siebziger Jahren, da warst du noch nicht mal geboren!

Junge: Wenn die schon so alt ist, sind neun Euro doch ganz schön viel.

Mann: Junge, du machst mir Spaß. Diese Platte ist ein Sammlerstück. Das sind die Rolling Stones. Exile on Mainstreet. Die Platte hat mich damals umgehauen und tut es auch heute noch. Ein Crêpe hält vielleicht fünf Minuten, diese Platte hier ist für die Ewigkeit gemacht. Hast du überhaupt einen Plattenspieler?

Junge: Nein, ich habe einen alten CD-Player und einen MP3-Player. Und mein Handy.

Mann: Aber dann kannst du die Platte doch gar nicht abspielen!

Junge: Mmh.

Mann: Also, wenn du gar keinen Plattenspieler hast, warum willst du denn die Platte überhaupt haben?

Junge: Das sind doch die Rolling Stones!

Mit dem Latein am Ende

Kind geht mit Hund im Park spazieren und wird von einem Spaziergänger angesprochen.

Spaziergänger: Na, der ist ja niedlich, der kleine Ge-
fährte. Wie heißt er denn?

Kind: Bello.

Spaziergänger: Ah, das ist aber ein schöner Name. Er
entstammt dem Lateinischen und heißt
»der Schöne«.

Kind: Wir haben ihn Bello genannt, weil er
immer bellt.

Spaziergänger: Ach so, verstehe. Aber im Lateinischen steht der Name für Schönheit.
So wie man zu schönen Frauen Bella
sagt.

Kind: Er heißt aber Bello.

Spaziergänger: Er ist ja auch ein Männchen. Bello im
Sinne von Bellen, verstehe.

Kind: Manchmal nennen wir ihn auch Kacki.

Eine Frage der Form

Auf dem Spielplatz. Mehrere kleine Kinder spielen mit Schaufeln, Eimern und Förmchen in der Sandkiste. Dazwischen zwei junge Mütter. Etwas abseits sitzen zwei Großeltern auf einer Bank und beobachten ihr Enkelkind beim Spielen.

Mutter 1: Leona, gibst du Paul bitte das Dreieck zurück. Du hast deine eigenen Förmchen.

Mutter 2: Ach, die darf sie gerne benutzen. Paul holt sie sich schon wieder, wenn er sie haben möchte.

Mutter 1: Ja, bestimmt. Leona entwickelt sich nur gerade zur Kleptomanin, und das muss ja nicht sein. *(An Leona gewandt:)* So, Mäuschen, jetzt leg das Viereck mal wieder hin, und das Dreieck kannst du bitte Paul zurückgeben. Oder wenn du unbedingt mit Pauls Förmchen spielen möchtest, dann solltest du ihm dafür dein Eimerchen ausleihen.

Leona spielt weiter mit Pauls Förmchen und ihrem Eimer.

Mutter 1: Mäuschen, so geht das aber nicht. Du kannst dir doch nicht einfach von Paul die Schaufel, das Dreieck und das Viereck nehmen und ihm dann nicht deinen Eimer abgeben wollen!

Großvater: Wenn Sie Ihrer Tochter wirklich was beibringen wollen, dann verraten Sie ihr doch mal, dass es sich bei den Förmchen um dreidimensionale Objekte handelt: Das sind keine Vierecke oder Dreiecke, sondern Würfel beziehungsweise Quader und Tetraeder.

Der Kunstbegriff

Kurz vor Mitternacht vor einer Kneipe in Hamburg-Altona. Frau mit Astra-Flasche, etwa 35 Jahre alt, und Frau mit Weinglas, etwa 40 Jahre alt.

Wein-Frau: Meinst du echt, die hat sich hochgeschlafen? Wie lange ist die eigentlich schon dabei?
Bier-Frau: Weiß ich auch nicht genau. Als ich anfing, war sie auf jeden Fall schon da. Und hatte damals angeblich was mit Brandt.
Wein-Frau: Na ja, das würde einiges erklären. Hochschlafen passt auch irgendwie zu ihr, ist auch keine Kunst in dem Laden.
Bier-Frau: Na ja, kommt drauf an, was man unter Kunst versteht.

Wein-Frau:	Unser Rechtsdozent hat damals immer gesagt: »Kunst ist, was gefällt.«
Bier-Frau:	Na, dem Brandt hat es bestimmt gefallen.
Wein-Frau:	Eben.

Es müssen Männer mit Bärten sein

Auf einer Abendveranstaltung zu später Stunde.

Frau:	Jetzt haben die da 1000 gefangene Palästinenser freigelassen – das ist Wahnsinn. Das sind doch alles Terroristen!
Mann:	Sagen die Israelis.
Frau:	Ich finde das ungeheuerlich. Man weiß doch ganz genau, dass das alles Selbstmordattentäter sind.
Mann:	Das halte ich für unwahrscheinlich.
Frau:	Guck dir die doch mal an. Allein die Bärte! Und jetzt rennen die alle frei in der Gegend rum. 1000 Selbstmordattentäter auf freiem Fuß!
Mann:	Wenn das Selbstmordattentäter wären, könnten die nicht mehr laufen.
Frau:	Wieso das denn nicht?
Mann:	Weil sie dann tot wären.

Zeit sparen

Am Postschalter. Ältere Dame, Postangestellter.

Dame: Guten Tag, ich möchte gern ein Päckchen abholen. Und dann möchte ich Sie gleich noch etwas fragen.
Postangestellter: Ja, okay.
Dame: Mein Sohn hat gesagt, ich soll mir so eine Paketstation besorgen, aber sagen Sie, so etwas brauche ich doch gar nicht, oder?
Postangestellter: Eine Paketstation, wie meinen Sie das?
Dame: Ach, mein Sohn hat gestern diese Päckchenkarte aus dem Briefkasten genommen. Ich war gestern Vormittag nicht zu Hause, als Ihr Kollege das Päckchen bringen wollte, und dann hat er diese Benachrichtigungskarte in den Briefkasten geworfen. Das finde ich sehr anständig, wissen Sie. Wenn die Sachen bei den Nachbarn abgegeben werden, wissen die immer, dass man nicht da ist, und fangen dann schnell an zu reden. Ich finde, das geht die gar nichts an, und deswegen ist das mit der Karte genau richtig.
Postangestellter: Ja.
Dame: So, und mein Sohn sagte mir, dass ich auch

eine Paketstation haben könnte, er hat so etwas auch, und wenn dann der Postbeamte kommt und den Empfänger nicht antrifft, kommt das dann in diese Station. Aber sagen Sie, so was brauche ich doch eigentlich gar nicht. Für die zwei-, dreimal im Jahr. Ich bin sowieso meistens zu Hause, und wenn ich ein Päckchen erwarte, gehe ich vormittags, wenn Ihr Kollege kommt, gar nicht aus dem Haus.

Postangestellter: Ach so, jetzt weiß ich, was Ihr Sohn meint.

Dame: Wissen Sie, so häufig bekomme ich sowieso keine Päckchen mehr zugeschickt. Höchstens mal vor Weihnachten oder zum Geburtstag, aber da kann man sich ja drauf einstellen.

Postangestellter: In der Weihnachtszeit ist die Paketstation sehr praktisch. Da brauchen Sie hier dann nicht lange anzustehen und können Ihr Paket, wann immer Sie wollen, aus der Station holen.

Dame: Das hat mein Sohn auch gesagt. Ist das denn eine gute Sache?

Postangestellter: Das ist eine gute Sache. Auf jeden Fall spart das viel Zeit.

Dame: Ach, wissen Sie, wenn man sich das ein bisschen einteilt, bekommt man das alles schon hin. Alles eine Frage der Organisation! Also, ich glaube, ich brauche diese Paketstation nicht. Das ist doch auch mit einem Computer, oder?

Postangestellter: Naja, Sie scannen da Ihre Benachrichtigungskarte ein und unterschreiben auf dem Display, mehr Computer ist das eigentlich nicht.

Dame: Ach, ich weiß nicht. Ich finde es schön, auch mal seinen Mitmenschen ins Gesicht zu schauen. Wissen Sie, das war doch ein sehr nettes Gespräch jetzt mit Ihnen. Das ist doch viel persönlicher als so ein Computer. Nein, wissen Sie was, ich lass das erst mal mit der Paketstation.

Ethischer Konflikt

Zwei Männer vor einem Tennisplatz.

Mann 1: Hast du eigentlich auch Freikarten fürs Derby bekommen?

Mann 2: Ja, zwei Stück. Geht ihr hin?

Mann 1: Wir wissen noch nicht genau. Ihr?

Mann 2: Auf keinen Fall. Ich finde Reitveranstaltungen jeder Art widerlich.

Mann 1: Wegen der Leute?
Mann 2: Auch. Und wegen der Pferde. Ich glaube nicht, dass denen das Spaß macht. Im Prinzip ist Trabrennen oder Spring-Derby doch pure Tierquälerei. Und denk mal an Dressurpferde: Ein Pferd in freier Wildbahn würde sich nie so bewegen.
Mann 1: Geschweige denn so anziehen.
Mann 2: Vielleicht sind die ja schwul und finden es schön. So wie beim Ballett.

Nachteil

Vor einem Eiscafé. Ein Vater und seine Tochter
(etwa dreizehn Jahre alt) stehen in der Warteschlange.

Tochter: Papa, ich will doch keine Schriftstellerin mehr werden.
Vater: Aber wieso denn, Mäuselein? Du hast doch so schöne Geschichten geschrieben. Und Gedichte. Wieso bist du denn bloß davon abgekommen?
Tochter: Ach, Papa. Da muss man einfach zu viel schreiben.

Sauber kalkuliert

*Zwei befreundete Männer um die 40 in einer Schlange
an der Supermarktkasse.*

1. Mann: Sag mal, wie ist eigentlich eure Putzfrau?
2. Mann: Nicht schlecht.
1. Mann: Kannst du mir mal die Nummer geben?
2. Mann: Ja, aber... ich dachte, eure ist so eifrig?
1. Mann: Ja, sicher... Aber sie kommt IMMER zu spät. Und meistens geht sie auch noch früher.
2. Mann: Und da hast du dich nie beschwert?
1. Mann: Na ja, ich hatte gehofft, es würde sich auf die Dauer ausgleichen.

12. Konversationskünstler:
Von Knigge bis Dr. Klöbner

»Einer, das höret man wohl, spricht nach dem andern,
doch keiner mit dem andern; wer nennt zwei Monologe
Gespräch?«   (Friedrich Schiller)

»Man muss einfach reden, aber kompliziert denken,
nicht umgekehrt.«   (Franz Josef Strauß)

Wir kommen zu den Perlen unserer Sammlung. Sie
sehen aus wie Gespräche, aber es sind keine Gespräche. Sondern irgendetwas anderes. Nur was? Schau-
spielanfänger machen oft den Fehler, ihren Text nur
aufzusagen. Und lernen deshalb als Allererstes die
Grundregel der Schauspielkunst: Aufnehmen – bewer-
ten – handeln. In den folgenden Dialogen fehlt genau
das. Echte Menschen agieren wie schlechte Schauspieler. Nur ein sehr guter Schauspieler könnte das so
wiedergeben, dass es echt wirkt. Entweder einer hört

nicht zu. Oder zentrale Begriffe werden nicht verstanden. Oder es gibt gar kein Gesprächsthema. Oder einer stellt eine Frage, will aber die Antwort gar nicht hören, weil er sie selbst schon weiß.

Und dann passiert ein kleines Wunder: Das Gespräch läuft trotzdem weiter. Obwohl es seinen Sinn längst eingebüßt hat. An diesen Kleinoden der Nicht-Kommunikation zeigt sich: Der übellaunige Deutsche ist ein Mythos. Nein, in Wirklichkeit erweisen wir uns als langmütig, großzügig und tolerant. Und man weiß nicht, was man mehr bewundern soll: die Unbeirrbarkeit, mit der ein Kunde Tschabalabatta bestellt, oder den Gleichmut, mit dem die Verkäuferin versucht, daraus einen erfüllbaren Wunsch zu destillieren. Den Eifer, mit dem sich jemand vor Mückenstichen schützen will, oder die Höflichkeit, mit der der Baumarktberater diese Aggression auffängt. Könnten wir doch alle unsere Konflikte so lösen, von der Fehmarnbeltquerung bis zu Stuttgart 21. Das wäre cool.

International genießen

In der Bäckerei. Kundin und Bäckersfrau.

Kundin: Guten Tag, ich hätte gern ein Brötchen mit Tschabalabatta.

Bäckersfrau: Welches möchten Sie gerne – ich habe Tomatenciabatta, Kräuterciabatta und normales Ciabatta ohne alles.

Kundin: Ach, das klingt ja alles sehr lecker. Ich glaube, ich nehme einfach ein normales Brötchen mit Tschabalabatta.

Bäckersfrau: Äh, wie jetzt?

Kundin: Oder wissen Sie was? Hier, ich nehme so ein französisches Baguette mit Tschabalabatta – man gönnt sich ja sonst nichts!

Standpunkt

Fußballkneipe am Samstagnachmittag.
Hauptsächlich Männer. An einem Tisch sitzt eine junge Frau
mit ihren Freunden, die Fußball schauen. Sie spielt mit ihrem
Mobiltelefon herum. Ein älterer Fußballfan vom Nebentisch
spricht sie an.

Fußballfan: Mensch, Mädchen, was fummelst du denn die ganze Zeit mit deinem Handy rum? Hier is' Fußball angesagt!

Junge Frau: Termine.

Fußballfan: Termiten?

Junge Frau: Termine! Ich muss mein Leben organisieren.

Fußballfan: Als ich in deinem Alter war, habe ich jeden Tag auf dem Platz gestanden, das waren meine Termine.

Junge Frau: So ändern sich die Zeiten ... Auf was für 'nem Platz haben Sie denn gestanden?

Multitasking

Bahnhofsbäckerei. Kunde (etwa 45 Jahre alt) bestellt, während er nebenbei auf seinem Handy herumtippt; Verkäuferin.

Kunde: Hallo, ich möchte gern einen Cappuccino XL.

Verkäuferin: Gerne. Zum Mitnehmen?

Kunde: Ja, bitte, zum Hiertrinken.

Verkäuferin: Äh, wie bitte?

Kunde: Entschuldigung, was hatten Sie noch mal gefragt?

Verkäuferin: Ob Sie den Cappuccino hier trinken oder zum Mitnehmen haben möchten.

Kunde: Ach so. Ja genau, einen Cappuccino in XL bitte.

Autorität

Vor einem Hauseingang.
Zwei Mädchen (eines etwa zehn Jahre alt, eines etwa fünf).

Älteres Mädchen: Äh, Nassli, ich mach grad 'ne Umfrage für unsere Schülerzeitung. Kann ich dich mal was fragen?

Nassli: Ja.
Älteres Mädchen: Was würdest du tun, wenn du Bundeskanzler wärst?
Nassli: Wenn ich Bundeskanzler wäre, würde ich für die Vögel Vögelhäuser bauen.
Älteres Mädchen: Äh? Weißt du überhaupt, was ein Bundeskanzler ist?
Nassli: Nein.
Älteres Mädchen: Weißt du, was ein König ist?
Nassli: Nein.
Älteres Mädchen: Weißt du, was eine Königin ist?
Nassli: Ja.
Älteres Mädchen: Was denn?
Nassli: Meine Mutter.

Mitgefühl

Zwei junge Männer an der Bushaltestelle.

Erster Mann: Alter, was geht?
Zweiter Mann: Alles scheiße, deine Elli.
Erster Mann: Echt? Was ziehste denn auf?
Zweiter Mann: Voll die Scheißerei.
Erster Mann: Scheißerei, Alter, krass.

176   Deutsche Dialoge

Zweiter Mann: Ey, Digger, voll der Darm im Arsch oder
               so.

Schnupperkurs

Junge Frau (etwa 20 Jahre alt) mit kleinem Terrier,
ältere Dame (etwa 65 Jahre alt) mit größerem Hund und
Ehemann auf einem Strandwanderweg an der Ostsee.

Junge Frau: Oh, guten Tag, ist Ihrer ein Rüde?
Ältere Dame: Das kann man wohl sagen, was Erwin?
Erwin: O ja, das kann man.
Junge Frau: Oh, Finchen, dann müssen wir ein biss-
               chen aufpassen. Ihr dürft nur schnup-
               pern, verstanden? Hihihi.
Ältere Dame: Hast du gehört, Cognac, nur schnup-
               pern. Och, du bist mir aber eine Hüb-
               sche.
Junge Frau: Sie ist nämlich gerade läufig, hihi.
Ältere Dame: Eine Hübsche bist du, was? Eine richtig
               Hübsche.
Junge Frau: Aber beim Schnuppern kann ja nichts
               passieren. Hihihi.
Ältere Dame: Hast du gehört, Erwin, beim Schnuppern
               kann nichts passieren.

Erwin:	Nee, beim Schnuppern kann nichts passieren.
Junge Frau:	Hihi, wo schnuppert ihr denn da, oh, das ist ja peinlich, Finchen, komm, ich glaube, wir müssen weiter.
Ältere Dame:	Ach, lassen Sie sie doch ruhig ein bisschen schnuppern, da kann doch nichts passieren, was, Erwin? Da kann doch nichts passieren.
Erwin:	Nee, da kann nichts passieren.
Ältere Dame:	Ach, Erwin, du plapperst mir ständig nur nach.
Erwin:	Ach, Schatz, was willst du denn hören? Dass Schnuppern gefährlich ist und der Anfang allen Übels? Dass es ohne all das Schnuppern auf dieser Welt Wörter wIe »Bevölkerungsexplosion« und »Geburtenregelung« nicht geben würde?
Ältere Dame:	Ach, Erwin, lass mal, so schlimm muss ja nicht alles enden. Bei so ein bisschen Schnuppern kann nichts passieren.

Der rote Faden

In der Kassenschlange im Supermarkt. Zwei junge Frauen (etwa 20 Jahre alt) stehen gemeinsam an.

Blonde Frau: Ich ruf nachher eine Freundin in Berlin an, die kennt sich damit aus, die hat Chemieabi gemacht.

Dunkelblonde Frau: Wie heißt die denn?

Blonde Frau: Jasmin. Wir haben letztes Jahr zusammen Abi gemacht. Ich aber nicht in Chemie.

Dunkelblonde Frau: Hast du in Berlin Abi gemacht?

Blonde Frau: Ja. Letztes Jahr.

Dunkelblonde Frau: Ich hab auch eine Freundin in Berlin, Susanne. Die hat aber in Hamburg Abi gemacht. Kennst du wahrscheinlich nicht.

Blonde Frau: Wie heißt die denn?

Dunkelblonde Frau: Susanne Krüger. Hat die Haare so ein bisschen wie Amy Winehouse.

Blonde Frau: Nee, sagt mir nichts. Susanne Krüger mein ich jetzt. Weißt du, zu welchem Friseur sie geht?

Dunkelblonde Frau: Susanne, meinst du?

Blonde Frau: Ja.

Dunkelblonde Frau: Nee, keine Ahnung, echt nicht. Ich kenn' mich in Berlin sowieso nicht so aus. Hier ist sie immer zu »Kluge Köpfe« gegangen.

Der aufgeklärte Patient

Auf dem Rollfeld des Hamburger Flughafens.
Zwei ältere Herren stehen umringt von anderen Passagieren auf der Einstiegstreppe vor dem Flugzeug und warten darauf, dass es weitergeht. Einer der Herren wirkt angestrengt und stützt sich am Geländer ab.

Angestrengter Herr: Ich kann nicht so lange stehen – neue Hüfte.
Entspannter Herr: Kommen Sie, ich lasse Sie vor.
Angestrengter Herr: Danke, danke, nicht nötig. Mein Arzt sagt, ich muss die neue Hüfte jetzt wieder normal belasten.
Entspannter Herr: Hüfte oder Hüftgelenk?
Angestrengter Herr: Ja, Hüftgelenk natürlich. Hüftgelenk.
Entspannter Herr: Titan?
Angestrengter Herr: Ja, Titan. Man gönnt sich ja sonst nichts.
Entspannter Herr: Und wo geht's jetzt hin, zur Reha?
Angestrengter Herr: Meine Frau und ich fliegen nach Alicante.
Entspannter Herr: Das ist mir schon klar, sonst würden wir ja nicht ins selbe Flugzeug einsteigen!
Angestrengter Herr: Ach ja, stimmt, stimmt. Ist ja klar.

Ich bin noch etwas durcheinander, die neue
Hüfte ...

Entspannter Herr: Hüftgelenk!

Kleiner Schniepelwutz

*Im Supermarkt. Ein junger Vater wartet in der Schlange vor
der Kasse, in seinem Einkaufswagen sitzt seine kleine Tochter
und spielt mit einem Stoffhund. Eine ältere Dame, die ebenfalls ansteht, spricht das Mädchen an.*

Dame: Na, meine Kleine, du hast ja einen süßen
          kleinen Hund da.
Mädchen: Das ist mein Hund!
Dame: Der ist ja entzückend, wie heißt er denn,
          der Kleine?
Mädchen: Schniffel!
Dame: Schniepel? Hallo, kleiner Schniepel, du bist
          aber süß.
Mädchen: Der Hund heißt Schniffel.
Dame: Ja, kleiner Schniepel, du bist ja ganz ein
          Süßer. Mit dir kann man bestimmt toll
          spielen. Oder beißt er, der kleine Schnie-
          pel?
Mädchen: Schniffel.

Konversationskünstler

Dame: Nein, du beißt nicht, hmm? Na, du wirst bestimmt mal ein ganz Großer, sollst mal sehen, wart mal ab, kleiner Schniepel.

Jagdinstinkt

Im Baumarkt in der Gartenabteilung.
Kunde (etwa 40 Jahre alt), Verkäufer.

Kunde: Moin. Ich brauch was gegen Mücken, haben Sie da was Gutes da?
Verkäufer: Ja, da haben wir verschiedene Sachen. Haben Sie an etwas Bestimmtes gedacht?
Kunde: Nee, es muss nur eines tun: funktionieren! Die Biester fressen uns auf; meine Frau ist kurz vorm Ausflippen! Also geben Sie mir ruhig was Starkes, nicht diesen Quatsch aus der Werbung, der eh nichts bringt.
Verkäufer: Okay, verstehe. Haben Sie es schon mal mit Spray versucht?
Kunde: O ja, Spray zum Auf-die-Haut-Sprühen, Raumspray, hat alles nicht geholfen. Wir brauchen jetzt was Richtiges, was die Biester plattmacht. Von mir aus auch illegal

oder ohne TÜV-Siegel. Hauptsache, die Mücken verschwinden!

Verkäufer: Also, illegale Sachen haben wir natürlich nicht. Wir haben Sprays, Räucherschnecken, Evaporatoren und Ultraschallsender für die Steckdose.

Kunde: Und was davon hilft am besten?

Verkäufer: Schwer zu sagen. Vielleicht eine Kombination?

Kunde: Hören Sie, mir geht es hier nicht um »Jugend forscht«. Ich habe gelesen, dass Testpersonen in normalen Sommern etwa 30 Stiche pro Stunde bekommen, wenn sie in den Abendstunden ungeschützt sind. Diesen Sommer sind es 200! 200 Stiche pro Stunde, verstehen Sie? Liegt angeblich an dem vielen Regen, den wir hatten.

Verkäufer: Also, 200 Stiche pro Stunde klingt mir jetzt ein bisschen übertrieben. Meinen Sie nicht?

Kunde: Liegt am vielen Regen! Die Biester vermehren sich wie die Schweine. Aber ich merke schon, Sie haben auch keine Ahnung und wollen nur das übliche Zeug verkaufen. Aber nicht mit mir, nein danke! Sagen Sie, wo finde ich die Heißluftpistolen?

Wertewandel

Bäckerei. Ältere gepflegte Dame und Verkäuferin.

Verkäuferin: Das macht dann 2,41 Euro.
Kundin (*nimmt einen 10-Euro-Schein aus ihrem Portemonnaie*): Bitte schön.
Verkäuferin: Haben Sie vielleicht noch einen Cent klein?
Kundin (*schüttet sich ein paar Münzen auf die Hand und hält diese der Verkäuferin hin*): Schauen Sie bitte, ob da ein Cent mit dabei ist. Ich kann das neue Geld nicht mehr so richtig erkennen.
Verkäuferin (*schaut nach*): Nee, das sind nur 10- und 20-Cent-Münzen. Macht aber nichts.
Kundin: Früher haben wir Mädchen gelernt: Wer den Pfennig nicht ehrt, ist des Talers nicht wert. Na ja, so was zählt heute nicht mehr viel. Sie sind jung und wissen wahrscheinlich gar nicht, wie viel ein Taler ist.
Verkäuferin: O doch, das weiß ich schon. »Taler, Taler, du musst wandern, von der einen Hand zur andern« und so. Ich hab mein erstes Taschengeld auch noch in Mark und Pfennig bekommen. Zwar nicht in D-

Mark, sondern in Ostmark, aber immerhin.

Kundin: Ach, Sie Arme, die war ja schon damals nichts wert.

Babywasser

Am Bahnhofskiosk. Ein älterer Mann und ein junger Mann stehen in der Schlange an der Kasse und unterhalten sich.

Junger Mann: Heutzutage muss man sich ja schon erklären, wenn man mit seinem Kind NICHT zum Babyschwimmen geht.

Älterer Mann: Also, so was wie Babyschwimmen hat es zu meiner Zeit gar nicht gegeben. Turnen gab es schon, aber Babyschwimmen kannte man damals nicht.

Junger Mann: Ach, die guten alten Zeiten. Turnen ist zwar in meinen Augen auch schlimm, aber für ganz kleine Kinder geht das schon in Ordnung. Bis zu einem Alter, wo sie sich für Fußballspielen oder so entscheiden können.

Älterer Mann: Fußball ist zeitlos. Das haben wir zu meiner Zeit alle gespielt. Als ich ein junger Bursche war, haben wir jeden Tag nach der Schule gekickt. Auf der Straße oder auf dem Bolzplatz. Egal, wie das Wetter war.

Junger Mann: Bei mir haben damals auch viele Freunde Fußball im Verein gespielt. Ich war Schwimmer und musste Blockflöte spielen, da war Fußball nicht mehr drin.

Älterer Mann: Aber wenn Sie selbst Schwimmer waren, wieso finden Sie denn dann Babyschwimmen nicht gut?

Junger Mann: Wie gesagt, ich war Schwimmer. Das heißt: Ich konnte schwimmen. Die Babys beim Babyschwimmen können doch gar nicht schwimmen.

Älterer Mann: Ach so, Sie meinen, die pinkeln nur ins Wasser und so?

Junger Mann: So ist das. Es pinkeln eh fast alle ins Wasser, aber die anderen schwimmen immerhin noch dabei beziehungsweise danach. Beim Babyschwimmen haben Sie meistens noch einen fetten Vater oder eine fette Mutter dabei, da können Sie froh sein, wenn die nicht auch noch gleich mit ins Wasser pinkeln. Was meinen Sie, warum das Wasser da immer so warm ist.

Älterer Mann: Jetzt verstehe ich Sie. So was gibt es beim Fußball nicht.

Verständnisvoller Umgang

In der S-Bahn. Ein Jugendlicher steht im Zug, ein anderer Jugendlicher steigt ein.

Jugendlicher 1: Ey.
Jugendlicher 2: Ey!
Jugendlicher 1: Alles cool?
Jugendlicher 2: Cool.
Jugendlicher 1: Alles klar, Digger.
Jugendlicher 2: Ey, ich hab' voll deinen Namen vergessen, Digger.
Jugendlicher 1: Ey, egal, Digger.
Jugendlicher 2: Cool.

III.
Das beliebteste Land der Welt

*»Nach Wahrheit forschen, Schönes lieben, Gutes wollen,
das Beste tun. Das ist die Bestimmung des Menschen.«
(Moses Mendelssohn)*

*»Alles scheiße, deine Elli.«
(Junger Mann an Bushaltestelle)*

2008 befragte die britische BBC 29.000 Menschen in
aller Welt nach ihrer Meinung zu verschiedenen Län-
dern. Das Ergebnis war ein Schock: Deutschland lan-
dete auf Platz eins. Wir waren das beliebteste Land
der Welt. Auch in den Jahren darauf. Wir haben die
Spitzenposition sogar ausgebaut. Ein Beben ging
durch unsere Nation.
Oder? Im Gegenteil: Niemand hat von der Studie gehört. Die Psychologen nennen das kognitive Disso-
nanz: Was nicht in unser Schema, in unser Vorurteil
von der Welt passt, nehmen wir gar nicht wahr. Wie
können wir das beliebteste Land sein – bei den Ein-
wohnern? Sind wir nicht ein Volk von Neonazis, Spie-
ßern, Dorftrotteln und Beamten?
Und die Dialoge zeigen: Man findet ihn noch, den
hässlichen Deutschen. Er möchte Tauben vergiften,

Mücken mit Heißluftpistolen erledigen und alle abknallen, die für die Todesstrafe sind. Er wirft Fahrgäste aus dem Zug, knausert beim Taschengeld und verweigert Selbständigen einen Kredit. Die übrige Zeit hat er panische Angst vor den sechshundert Nebenwirkungen eines einzigen Medikaments.

Man findet ihn, den Nörgler und Menschenfeind, den Stromberg und das Ekel Alfred. Aber man muss ihn schon suchen. Denn er ist längst in der Minderheit und vom Aussterben bedroht. Fast möchte man Artenschutz für ihn beantragen. Die Mehrheit von uns ist nämlich das genaue Gegenteil. Wir haben zwar weder das ironische Understatement der Briten noch die charmante Eleganz der Franzosen. Aber dafür ganz andere Qualitäten: Wir sind ehrlich, geduldig, mitfühlend, tolerant, rücksichtsvoll, idealistisch und wissensdurstig. Der Reihe nach:

Wir sind ehrlich. Was nutzt das schönste Lächeln, wenn es nicht von Herzen kommt? Wir beichten einen ordentlichen Durchfall schon bei der Begrüßung.

Wir sind geduldig. Mit Engelsruhe erklären wir unseren Kindern den Unterschied zwischen CDU und SPD, selbst wenn Politikwissenschaftler schon seit zwanzig Jahren keinen mehr erkennen können. »Frag ruhig weiter, Mäuselein!«

Wir trösten uns. Vor allem unsere übergewichtigen

Freunde: »Wenn du beim Duschen noch deine Füße sehen kannst, ist alles im grünen Bereich.« Hauptsache gesund!

Wir sind tolerant. Gegenüber missionierenden schwarzafrikanischen Putzfrauen sowieso. Aber auch wenn es um hochinfektiöse Hunde im Büro geht.

Wir nehmen Rücksicht. Denken Sie nur an den Rentner, der seine Einkäufe ohne Tüte nach Hause schleppt. Die Weltmeere sagen danke!

Wir kämpfen auf verlorenem Posten. Wir kaufen eine Stones-Platte, selbst wenn wir keinen Plattenspieler haben. Das ist praktizierter Idealismus.

Wir sind wissensdurstig. Wussten Sie, dass das Wort »geil« aus der Botanik kommt und »zum Licht hinwachsen« bedeutet? Nein, wir auch nicht. Aber erfahren haben wir es von einem jungen Verkäufer in einem Elektronikgeschäft. Die Kulturnation lebt, in jedem von uns. In jedem Skatspieler, Segler und Malermeister. Ist das sympathisch? Schon. Lassen wir uns das nicht zu Kopf steigen. Aber genießen wir diesen kurzen historischen Moment.

Jetzt reinklicken!

Jede Woche vorab in brandaktuelle Top-Titel reinlesen, Leseeindruck verfassen, Kritiker werden und eins von 100 Vorab-Exemplaren gewinnen.